Evi Gemmon Ketterer

Den Wind fächeln

Über das Buch

Der Genjokoan ist ein Lehrgedicht aus dem 12. Jahrhundert, verfasst vom Gründer der Japanischen Soto-Linie, Eihei Dogen Zenji. Ursprünglich schrieb er dieses Gedicht für einen Laienschüler, verfeinerte es aber sein gesamtes Lehrleben lang und setzte es schließlich an den Anfang seiner Schriftensammlung.

Dieser Kommentar –wie der Genjokoan selber auch– wendet sich nicht nur an Zen-Buddhist*innen, sondern an alle Menschen, die wissen wollen, wer sie sind, was Leben ist und wie sie es aufrichtig leben können.

Ein Zeile-für-Zeile Kommentar ist eine Lehrform des Zen, in der Regel im Zweiergespräch mit dem/der Lehrer*in. Es gibt aber auch mehrere schriftliche Kommentare in dieser Form zum *Genjokoan*, bisher allerdings nur von Japanischen Meistern und es ist erst der Beginn, dass diese vom Englischen ins Deutsche übersetzt werden. Dies ist der erste westliche und weibliche Kommentar zum *Genjokoan*.

Über die Autorin

Evi Gemmon Ketterer übt im Buddhismus seit 1995. Sie studierte mit Lehrer*innen aller Traditionen. 2002 wurde sie in U-paya von Joan Halifax Roshi in der Sotolinie ordiniert und lebte danach bis 2010 im Zen Center of Los Angeles unter der Anleitung von Wendy Egyoku Nakao Roshi. Seit 2010 ist sie wieder in der Schweiz, wo sie sich um Sterbende kümmert. Gemmon ist ausgebildete Pflegefachfrau mit Diplomen in Intensivpflege, Anästhesie und spezialisierter Palliative Care. Sie ist Autorin des Buches: *Geschichten intimer Beziehungen, Sterbebetreuung einmal anders erzählt*. Verlag Tradition, Deutschland.

Den Wind fächeln

Ein westlicher, weiblicher Genjokoankommentar

Eihei Dogen Zenji
kommentiert von
Evi Gemmon Ketterer

Ich widme diesen Kommentar allen
Frauen des Dharma, deren Namen und
deren Belehrungen vergessen wurden
und werden.

tredition®
www.tredition.de

Impressum

© Evi Ketterer, Affoltern am Albis, 2018

Verlag: tredition GmbH, Hamburg

978-3-7469-4662-7 (Paperback)

978-3-7469-4835-5 (Hardcover)

978-3-7469-4664-1 (e-Book)

Inhalt

Einleitung

Wie kommt man dazu, die große Erde als Gold zu erkennen, in einer Zeit, in der die Menschheit sich selbst auszurotten imstande ist und von dieser Macht womöglich Gebrauch macht? Kann man das immer noch oder ist es eine Mär aus vergangenen Zeiten, als das Leben romantisch und naturverbunden war? Was hat ein Gedicht aus dem 12. Jahrhundert mit uns zu tun und kann es uns auch heute noch etwas von Bedeutung für unsere Übung und unser Leben sagen?

Als Dogen Zenji lebte (1200 – 1253) war nichts romantisch, weder in seinem persönlichen Leben, noch in der Politik des Landes. Es herrschten große Umbrüche, auch in den Buddhistischen Schulen und Tempeln. Wenn jemand glaubt, die Buddhistischen Zentren wären damals und auch heute weniger machthungrig und involviert in die politischen Intrigen des Landes, als andere kirchliche Institutionen heutzutage, dem empfehle ich das Kapitel: „The Time When Dogen Lived" und die folgenden in „The Treasury of the True Dharma Eye, Zen Master Dogen's Shobogenzo"[1].

---

[1] (Treasury of the True Dharma Eye, Zen Master Dogen's Shobo Genzo, 2012, S. 38ff)

Doch Dogen glaubte nicht daran, dass man durch Macht und Einfluss glücklich wird, er wollte das Dharma lehren, so wie er es als Perspektivenwechsel in seinem Leben erfahren hatte. Er wurde dafür nicht geliebt und musste an drei verschiedenen Tempel starten, als er von China zurückkam. Aber er gab bis zu seinem Tod nicht auf.

Seine persönliche Biographie hat ihm wohl schon früh keine Ruhe gelassen und ihn getrieben, Antworten zu finden. Das, was vermutlich alle großen Suchenden verbindet, hat immer etwas mit dem Tod zu tun. Die Mutter von Dogen Zenji starb, als er acht Jahre alt war. Dies hat ihn zutiefst erschüttert. Heute würden wir es als Kindheitstrauma bezeichnen. Er suchte eine Antwort auf die Frage nach Leben und Tod, so wie auch der Buddha danach suchte.

Wir alle haben größere und kleinere Kindheitstraumas, wir haben Strategien entwickelt, damit umzugehen, aber wir sind nicht alle mit unseren Überlebensstrategien zufrieden. Dogen Zenji war es auch nicht. Er trat in ein Kloster ein und wurde Novize. Er war nicht befriedigt mit seiner Suche im eigenen Land und riskierte sein Leben um nach China zu reisen und einen authentischen Lehrer zu finden. Er fand ihn in Rujin Zenji, einer der die Dringlichkeit von Dogen Zenjis existentiellen Fragen ernst nahm, seine spirituelle Größe erkannte und ihn lehrte. Mögen wir alles so suchen und solch eine*n Lehrer*in finden.

Für jene, die wie Dogen Zenji nicht glauben, dass das, was sie er-leben die letzte Wirklichkeit ist, hat Dogen

Zenji den *Genjokoan* geschrieben. Irgendwo müssen wir unsere Suche und unseren Weg beginnen und das irgendwo ist für Dogen Zenji immer das bedingte Selbst, wie wir es erleben: „Den Buddha-Weg ergründen, heißt das Selbst ergründen.[2]„

In den Kommentaren zum *Genjokoan*, - bisher in Englisch und teilweise in Deutsch erschienen- taucht immer wieder die Frage auf, ob Dogen Zenji[3] einen roten Faden im *Genjokoan* hatte, oder die einzelnen Abschnitte für sich stehende Aphorismen sind. Für mich ist es kein Entweder-oder. Die Gesamtheit des Stücks zeigt, was ich in der Herangehensweise Dogen Zenjis sehe und was ich als Orientierung durch den ganzen Kommentar versuche zu beleuchten.

Im *Genjokoan* nutzt Dogen Zenji Bilder, die er in jedem Abschnitt beleuchtet. Diese Bilder sind wie Koans[4], man muss sie in sich hineinsinken lassen, bis man vollständig damit verschmilzt.

Dafür stehen am Anfang gedankliche Prozesse, also eine Entscheidung, mich auf etwas einzulassen und mein bedingtes Selbst dem Bild hinzugeben. Zen-Buddhist*innen mögen das nicht so gerne als Gedanke anerkennen,

---

[2] Abschnitt 6
[3] Siehe Literaturverzeichnis
[4] Koanstudium ist eine Übung im Zen. Grob gesagt handelt es sich um unlösbare Fragen oder „unlogische" Dialoge zwischen Lehrern und Schülern. Sie dienen dazu, den fixierten, rationalen Geist zu durchbrechen.

denn Gedanken sind schließlich verpönt. Aber es ist eine Hirnleistung, die willentlich erzeugt den Blick nach außen verändert. Zumindest kommt dem Selbstbild das so vor. Denken ist einer der sechs Sinneskontakt, die der Buddha beschreibt. Ich komme gleich darauf zurück, warum es wichtig ist, es als Gedanke anzuerkennen, denn in dieser Fähigkeit liegt auch das Potential, die Grenzen dieses Gedankens zu durchbrechen.

Was wir heute über unser Gehirn und die daraus resultierende Bedingtheit des Menschen wissen, ist dass wir hauptsächlich von Überlebenstrieben getrieben sind. Das Stammhirn kategorisiert dafür alles in Entweder-oder Schemen und danach laufen Automatismen ab. Nun stellen wir das bei unseren tierischen Artgenossen nicht in Frage: Wenn sie Hunger haben, töten sie oder fressen Sträucher und Gräser; wenn sie müde sind, legen sie sich irgendwo hin, und wenn sie Lust aufeinander haben, paaren sie sich.

Da der Mensch in seiner Bedingtheit das Denken „erfunden" hat, ist das nicht mehr ganz so einfach. Wir bringen nicht einfach ein Schwein um, weil wir Hunger haben und halt grad ein Schwein rumläuft. Wir denken, rotes Fleisch ist ungesund, ich sollte lieber Hühnerbrust essen. Oder wir denken, es ist besser vegetarisch zu essen, oder kein Zucker..... Letztlich ist uns aber die Basis mit den Tieren gemein: wenn wir Hunger haben, wollen wir essen. Ajahn Amaro hat einmal in einem Dharmavortrag das Studienergebnis eines Freundes präsentiert, welches unseren Überlebenstrieb sehr gut sichtbar macht und auf drei Fragen des Gehirns reduziert. Wenn wir etwas Fremden begegnen (und das tun wir immer, weil alles vergänglich und damit immer neu ist), dann stellen wir drei Fragen:

1) Wird es mich fressen?

2) kann ich es fressen?

3) können wir uns paaren?

Ich musste so lachen, als ich das hörte. Es ist schlicht wahr, so simpel sind wir gestrickt. Wir Menschen denken: okay, das sind die Tiere, aber schließlich sind wir Menschen weiter entwickelt. Darum habe ich die Fragen mal in die konsum- und machtorientierte Sprache und unsere Zeit übersetzt:

1) Hat es Macht über mich?

2) kann ich Macht darüber erlangen?

3) Kann ich es für meine Zwecke manipulieren?

Es ist wichtig, dass wir auf der Basis dieser drei Fragen das bedingte Selbst ergründen und verstehen, dass der *Genjokoan* uns auf dieser Basis abholt. Dogen Zenji sagt nicht, dass diese Ansicht auf das Leben falsch ist. Ganz im Gegenteil, es ist Teil unserer natürlichen Bedingtheit. Nur ist es leider so, dass wir in diesem Leben Sklav*innen dieser Ansicht sind, wenn wir nicht darüber hinausgehen. Andererseits: ohne zu überleben, können wir nicht erwachen, also müssen wir uns diesen Fragen stellen.

Teil der menschlichen Bedingtheit ist auch, dass wir erkennen, dass das nicht das ganze Leben ist. Um uns zu helfen, gibt uns Dogen Zenji im *Genjokoan* jeweils Bilder an die Hand, die selbst 800 Jahre nach seinem Leben noch völlig klar und verständlich sind. Was Dogen Zenji im *Genjokoan* auszudrücken versucht, sind die Dimensionen der Wirklichkeit und das Potential des Menschen sie zu erkennen. Daher ist der *Genjokoan* weder linear, noch sind die Abschnitte getrennt voneinander. Der *Genjokoan* ist die Manifestation von Indras Netzt, in der sich jede Perle in jeder anderen spiegelt, sie sind gleichzeitig abgetrennt und nicht abgetrennt, sie sind Einheit und Vielheit, so wie unser gesamtes Leben auch. Es kann gar nicht anders sein, denn so ist das Leben. Dogen Zenji hat die Sprachgewalt, es uns verständlich zu machen.

Dogen Zenji gibt uns also pro Abschnitt ein Bild, in welches wir eintauchen können. Ich übe nun mit den *Genjokoan* sehr intensiv seit fast zehn Jahren. Immer wieder fasziniert es mich, wie mir die Bilder im Alltag begegnen und ich mich darauf einlassen kann. Da fahre ich mit dem Paddleboard auf den See und beobachte das Ufer, das sich bewegt, bis ich erkenne, dass ich mich bewege[5]. Ich schaue auf eine Pfütze und sehe den Mond, der sich vollständig darin spiegelt, ohne dass es die Pfütze oder den Mond stören würde[6]. Ich sehe den Spatz und den

---

[5] Abschnitt 7
[6] Abschnitt 9

Milan und mir wird klar, obwohl sie beide Vögel sind, sehen sie eine komplett andere Welt, die in ihren Augen aber ihr vollständiges Leben ist.[7]

Den Menschen, die nicht akzeptieren können, dass ihr Entweder-oder Denken das ganze Leben ist und die diese Beschränktheit so sehr ärgert (noch so ein Begriff, der unter Buddhist*innen verpönt ist), dass sie willig sind, dafür zu sterben, rate ich, in den *Genjokoan* einzutauchen und Zazen zu üben.

Keine Sorge, wir sterben nicht, wenn unsere feste Ansicht über unser Selbst stirbt. Es tut mir leid, aber wir werden kein anderer Mensch, noch verschwinden unsere Überlebensstrategien und eingefahrene Muster. Auf der Ebene müssen wir uns schon den Fächer schwingen, um den Wind am wehen zu halten[8], Therapie machen und Ethik üben. Und doch weckt Erwachen „die Macht der durchdringenden Einsicht" zu mehr Verstehen und Klarheit[9], die wir dann durch unser Leben verwirklichen können. Die Bilder Dogen Zenjis helfen uns, mit verschiedenen Perspektiven die Weite und Tiefe unseres gesamten Potentials zu leben, egal, wie wir die ersten drei Fragen unseres Stammhirns beantworten.

Wenn wir aus der Quelle leben, die jenseits der verengten Sicht von Anhaftung, Abwehr und Irrglauben unser Leben bestimmt, dann sind wir wirklich fähig, die große

---

[7] Abschnitt 11
[8] Abschnitt 13
[9] Abschnitt 10

Erde als Gold zu erkennen und den langen Fluss in süße Sahne zu verwandeln.[10] Wenn wir erkennen, dass das Leben selbst gar keine Grenzen hat und wir den Mut haben, uns in diese Grenzenlosigkeit fallen zu lassen, dann erst beginnt der Buddha-Weg wirklich spannend zu werden - obwohl Begriffe wie Buddha und Buddha-Weg irrelevant werden, wenn man Töne aufs innigste hört und Formen mit gesammeltem Körper aufs innigste wahrnimmt.[11]

Zazen und *Genjokoan* zu leben ist nicht friedlich und freundlich abgehoben in einem Zendo zu sitzen. Ganz und gar nicht. Ich glaube, wenn wir als Menschen das Potential nutzen würden, welches der Buddha, Dogen Zenji und die erwachten Vorfahren uns zu eröffnen suchten, dann wäre die Welt, wie wir sie erleben, nicht in solch einem katastrophalen Zustand. Deshalb ist für mich den Buddha-Weg zu gehen auch heute noch ein Weg der Friedensarbeit.

Ich weiß nicht, ob jemand mit mir eine Pilgerreise durch den *Genjokoan* unternehmen möchte. Es gibt so gute Kommentare von Hakuun Yasutani, Kosho Uchiyama, Taizan Maezumi, Nishiari Bokusan, Shunryu Suzuki und Sohaku Okumura. In tiefem Respekt und voller Dankbarkeit verbeuge ich mich vor diesen Meistern, die für mich

---

[10] Abschnitt 13
[11] Abschnitt 5

den *Genjokoan* entschlüsselt haben. Ihre tiefen Kenntnisse japanischer Schriftzeichen und Bedeutungen haben eine andere Tiefe in mein Leben gebracht.

Mein eigener Kommentar zum *Genjokoan* speist sich aus ihrem Wissen und ihrer Leidenschaft für dieses Stück. Doch bin ich nicht in der Kultur und Sprache Dogen Zenjis groß geworden. Ich lebe auch nicht mehr in einem Vollzeittempel als Priesterin. Mein Kommentar wird anderer Natur sein.

Ich habe diesen Meistern nichts hinzuzufügen, außer meiner Liebe zu diesem Lehrstück, das mich aus dem Innersten heraus lebt; mich, eine westliche Zen-Ordinierte in ihrem kleinen Stadt-Tempel in der Schweiz, die ihren Lebensunterhalt damit verdient, sich um sterbende Mitmenschen zu kümmern. Als aus diesem Innersten der Wunsch erwachte zu teilen, wie ich in diesen Rollen den *Genjokoan* lebe, habe ich mich hingesetzt und begann zu schreiben.

Begriffserklärung

Dieser Kommentar –wie der Genjokoan selber auch– wendet sich nicht nur an Zen-Buddhist*innen, sondern an alle Menschen, die wissen wollen, wer sie sind, was Leben ist und wie sie es aufrichtig leben können. Trotzdem tauchen darin für das Zen und den Buddhismus typische Begriffe auf, die zwar im Kommentar erklärt werden, aber gerade am Anfang verwirrend oder gar abschreckend wirken können. Um zu zeigen, dass *Genjokoan* (da fängt es schon an, aber dem Titel wird ein ganzes Kapitel gewidmet) nichts mit Esoterik zu tun hat, sondern mit unserem geistigen, spirituellen und körperlichen Wachstum, möchte ich gleich zu Anfang ein paar wenige Begriffe erläutern, weil sie im Text schon vorkommen. Dabei beziehe ich mich hauptsächlich auf die Kommentare von Kosho Uchiyama Roshi[12] und Shohaku Okumura Roshi. Ich möchte es hier auch einfach halten, denn sie werden im Kommentar näher erläutert und wer es ganz genau wissen will, den/die verweise ich auf die Kommentare dieser beiden Lehrer. Ich versuche die Begriffe so zu erklären, wie sie im *Genjokoan* benutzt werden.

---

[12] (Dogen's Genjokoan, Three Comentaries, 2011)

Buddha: Einerseits ist dies der historische Buddha. Wie meist im Zen, geht es aber im *Genjokoan* nicht um ihn direkt, sondern um die Wirklichkeit des Lebens vor der Spaltung in „Selbst" und „Andere", also in Dualität. Buddha ist dann das im Leben verwirklichte Potential davon. Über diese Verwirklichung redet der *Genjokoan.*

Dharma und Zehntausend Erscheinungen: Einerseits bedeutet Dharma die Lehre des Buddha, andererseits aber auch alle Erscheinungen, einfach alles. Dazu gehören auch alle Dinge, Sinne, Vorgestelltes und Wahrgenommenes. Im *Genjokoan* wird *Dharma (Shobo)* und *Zehntausend Erscheinungen (Banpo)* synonym benutzt. Im gesamten *Genjokoan* beziehen sie sich auf das Buddha-Dharma.

Buddha-Dharma: im Bedowa (einer anderen Schrift von Dogen Zenji) heißt es: „Wir sollten wissen, B*uddha-Dharma* zu üben, bedeutet wahrhaftig die Ansicht einer Unterscheidung zwischen Selbst und Anderen aufzugeben." Dies bezeichnet man als Nicht-Dualität.

Buddha-Weg: In Dogen Zenjis Schriftstück: *„Zu beachtenden in der Übung des Weges"* heißt es dazu: „Das *Buddha-Dharma* nur um des *Buddha-Dharma* willen zu üben, ist der Weg." Wieder geht es darum, zur Wirklichkeit vor der Spaltung in Dualität zu erwachen. Den Buddha-Weg zu leben bedeutet ohne Fachjargon das Leben um des Lebens willen zu leben, frei von triebhaftem Ausleben unserer Anhaftungen und Begierden, unseren Abneigungen und unserem Zorn, die jeweils auf dem Irrglauben an ein festes Selbst begründet sind.

Zazen: Za bedeutet Sitzen und Zen bedeutet Meditation. Wir Westler*innen sind sehr schnell im Gebrauch dieses Wortes. Daher ein paar Worte dazu, obwohl es im *Genjokoan* nicht direkt gebraucht wird. Wenn darin von Übung geredet wird, geht es um Zazen im engeren und weiteren Sinne. Zur Übung von Zazen sei grundsätzlich gesagt: Wann immer wir in der Meditation mit unserem Geist etwas „tun" oder etwas schulen, ist das nicht Zazen. Oftmals wird der Begriff „formlose Meditation" verwendet. Das bedeutet, dass wir nicht in das Geschehen des Geistes eingreifen. Es gibt ein zentrales Schriftstück von Dogen Zenji zum Zazen. Darin heißt es unter anderem: „Das Zazen wovon ich rede ist kein schrittweises Erlernen von Zen. Es ist schlicht das Dharma-Tor der Gelassenheit und Freude. Es ist der Höhepunkt von vollständig verwirklichter Erleuchtung. Es ist die Verkörperung der absoluten Wirklichkeit.[13]" Aus dieser Erklärung wird schon ein wenig deutlich, dass für Dogen Zenji Erwachen und die Übung von Zazen dasselbe sind. Er sagt ebenso im Fukanzazengi: „Denkt nicht über gut und schlecht, richtig und falsch nach. Mischt euch nicht in die Arbeit des Geistes ein oder versucht die Bewegung eurer Gedanken zu kontrollieren. Gebt es auf, Buddha werden zu wollen. Zazen hat absolute nichts damit zu tun, ob ihr aufrecht sitzt oder liegt."

---

[13] (Fukanzazengi aus: The Essence of Zen, 2008, S. S.7)

Jetzt folgt der Text des *Genjokoan* wobei er am eindrück-lichsten ist, wenn man nicht versucht, ihn intellektuell zu verstehen (mehr dazu später im Text), sondern sich den Bildern hingibt. Denn *Genjokoan* als Lehrgedicht und als unsere gelebte Wirklichkeit sind vor der Trennung in Selbst und andere, also auch vor dem Erfassen mit unse-rem unterscheidenden Geist.

Genjōkōan, Erstes Kapitel des Shōbōgenzō

(1) Wenn alle Dharmas das Buddha-Dharma sind, gibt es Täuschung und Erwachen, Übung, Leben und Tod, Buddhas und lebende Wesen.

(2) Wenn die Zehntausend Dinge ohne festes Selbst sind, gibt es keine Täuschung und kein Erwachen, keine Buddhas, keine lebenden Wesen, keine Geburt und keinen Tod.

(3) Da der Buddha-Weg naturgemäß über den Zwiespalt von Überschuss und Mangel hinausgeht, gibt es Erscheinen und Erlöschen, Täuschung und Erwachen, lebende Wesen und Buddhas.

(4) Doch obgleich dem so ist, welken die Blumen, obwohl wir sie lieben, und das Unkraut gedeiht, obwohl wir es nicht mögen.

Sich den Zehntausend Dingen zuzuwenden, um Übung-Erleuchtung zu üben, ist Täuschung. Dass die Zehntausend Dinge durch Übung-Erleuchtung das Selbst ausüben, ist Erwachen.

Die von der Täuschung vollkommen erwachen, sind Buddhas. Diejenigen, die verwirrt sind im Erwachen, sind lebende Wesen. Überdies gibt es solche, die noch aus dem Erwachen heraus erwachen und solche, die sich inmitten der Täuschung noch weiter täuschen.

(5) Wenn die Buddhas wahrhaft Buddhas sind, haben sie nicht das Bewusstsein, Buddha zu sein; dennoch sie sind verwirklichte Buddhas und fahren fort, Buddha zu verwirklichen. Obwohl man Formen mit gesammeltem Körper und Geist aufs Innigste sieht und Töne mit gesammeltem Körper und Geist aufs Innigste hört, ist die Wahrnehmung nicht wie die Reflektion in einem Spiegel oder der Mond im Wasser. Ist eine Seite erleuchtet, ist die andere dunkel.

(6) Den Buddha-Weg ergründen heißt das Selbst ergründen. Das Selbst ergründen heißt das Selbst vergessen. Das Selbst vergessen heißt von den Zehntausend Dingen bestätigt zu werden. Von den Zehntausend Dingen bestätigt zu werden heißt Körper und Geist von sich und anderen fallen zu lassen. Es erscheint eine Spur des Erwachens, die nicht gefasst werden kann. Unendlich drücken wir diese unfassbare Spur des Erwachens aus.

(7) Wenn jemand beginnt die Lehre zu suchen, entfernt er sich damit weit davon. Wenn die wahre Lehre korrekt in einem übertragen ist, dann ist jemand unmittelbar eine ursprüngliche Person. Wenn eine Person in einem Boot fährt und das Ufer betrachtet, mag sie fälschlicherweise annehmen, das Ufer bewege sich. Wenn sie direkt das Boot im Vergleich zur Wasseroberfläche betrachtet, bemerkt sie, dass es das Boot ist, welches sich bewegt. Ebenso mögen wir fälschlicherweise annehmen, die Natur des Geistes sei beständig, wenn wir Körper und Geist in einer verwirrten Weise betrachten und alle Dinge mit einem unterscheidenden Geist ergründen. Doch wenn

wir aufs Innigste üben und immer wieder zum Jetzt zurückkehren, wird die Wahrheit offenbar, dass nichts ein festes Selbst besitzt.

(8) Brennholz wird zu Asche. Asche kann nicht wieder zu Brennholz werden. Trotzdem sollten wir dies nicht so verstehen, als ob die Asche nachher und das Brennholz vorher wäre. Wir sollten wissen, dass Brennholz im Zustand des Brennholzes verweilt und ein eigenes Vorher und Nachher hat. Doch obwohl es Vorher und Nachher gibt, sind Vergangenheit und Zukunft abgetrennt. Asche ist im Zustand der Asche mit ihrem eigenen Vorher und Nachher. So wie Brennholz nicht mehr zu Brennholz wird, nachdem es zu Asche verbrannt ist, so wird auch ein Mensch nach seinem Tod nicht wiedergeboren. Wie auch immer, es ist eine ungebrochene Tradition im Buddhadharma nicht zu sagen, dass das Leben zum Tod wird. Deshalb nennen wir es „nicht-erschienen". Es entspricht der Art der Buddhas, das Rad der Lehre dadurch zu drehen, dass sie nicht sagen, dass der Tod zum Leben wird; deshalb wird er „nicht-ausgelöscht" genannt. Leben ist ein Zustand in der Zeit. Tod ist auch ein Zustand in der Zeit. Dies ist wie Winter und Frühling. Wir denken weder, der Winter werde Frühling, noch sagen wir, der Frühling werde zum Sommer.

(9) Wenn eine Person erwacht, ist es wie die Spiegelung des Mondes im Wasser. Der Mond wird niemals nass; das Wasser wird nie gestört. Obwohl das Licht des Mondes weit und groß ist, spiegelt er sich in einem Wassertropfen. Der gesamte Mond, ja der gesamte Himmel,

spiegelt sich in den Tautropfen eines Grashalmes. Erwachen zerstört die Person nicht, so wie der Mond kein Loch ins Wasser bohrt. Die Person behindert das Erwachen nicht, gerade so wie der Tautropf nicht den Mond am Himmel behindert. Die Tiefe ist dasselbe wie die Höhe. Um die Wichtigkeit der Länge und Kürze von Zeit zu verstehen, sollten wir berücksichtigen, ob das Wasser groß oder klein ist, und die Größe des Mondes am Himmel verstehen.

(10) Wenn das Dharma den Körper und Geist noch nicht vollkommen erfüllt hat, mag man denken, man wäre davon erfüllt. Wenn die Lehre den Körper und Geist erfüllt, merkt man, dass immer noch etwas fehlt. Wenn wir beispielsweise in einem Boot auf den Ozean hinaussegeln, bis kein Land mehr in Sicht ist, und wir schauen in alle vier Richtungen, sieht er aus wie ein Kreis. Doch ist der Ozean weder rund noch eckig. Er besitzt unerschöpfliche Merkmale. Für einen Fisch sieht er aus wie ein Palast; für ein himmlisches Wesen wie eine Edelsteinkette. Für uns, soweit das Auge reicht, sieht er aus wie ein Kreis. Alle Zehntausend Dinge sind ebenso. Innerhalb dieser gewöhnlichen Welt und darüber hinaus reichen Klarsicht und Verstehen nur soweit, wie die Macht unserer durchdringenden Einsicht erlaubt. Wenn wir der Wirklichkeit der Zehntausend Dinge nachlauschen, müssen wir wissen, dass da unerschöpfliche Merkmale im Ozean und den Bergen liegen, und dass es viele verschiedene Welten in den vier Himmelsrichtungen gibt. Dies gilt nicht

nur für die äußere Welt, sondern ebenso ist es wahr gerade hier unter unseren Füssen und in jedem einzelnen Tropfen Wasser.

(11) Ein Fisch, der im Ozean schwimmt, stößt an kein Ende des Wassers, so weit er auch schwimmt. Ein Vogel, der am Himmel fliegt, stößt an keine Grenze des Himmels, so hoch er auch fliegt. Wenn das Bedürfnis des Fisches oder des Vogels groß sind, ist ihr Bereich groß. Wenn das Bedürfnis klein ist, ist ihr Bereich klein. Dadurch benützt jeder Fisch und jeder Vogel den gesamten Raum und handelt aktiv an jedem Ort. Wie auch immer, verließe der Vogel den Himmel oder der Fisch das Wasser, stürben sie auf der Stelle. Wir sollten wissen, dass für einen Fisch Wasser Leben ist und für einen Vogel der Himmel Leben ist. Ein Vogel ist Leben, ein Fisch ist Leben. Und wir sollten darüber hinausgehen. Es gibt Übung-Erleuchtung und dies ist der Weg der lebenden Wesen.

(12) Wenn nun ein Vogel oder ein Fisch versuchen würde, die Grenze seines Elements zu ergründen, ohne sich zuvor darin zu bewegen, fände er weder seinen Weg noch seinen Platz im Wasser oder im Himmel. Wenn wir uns genau diesen Ort zu Eigen machen, wird unsere Übung zum verwirklichten Dasein. Wenn wir uns diesen Weg zu Eigen machen, wird er auf natürliche Art zum verwirklichten Dasein. Jener Ort und jener Weg sind weder klein noch groß, weder das Selbst noch Andere. Es gab sie nicht schon früher und sie entstehen auch nicht gerade jetzt; deshalb ist die Wirklichkeit aller Dinge

Soheit. Ebenso, wenn sich eine Person der Übung-Erleuchtung des Buddha-Weges hingibt, und erkennt ein Dharma, durchdringt sie dieses Dharma; wenn die Person auf eine Übung trifft, wird sie diese Übung vollkommen üben. Dafür gibt es einen Ort und einen Weg. Die Grenze des Wissens ist nicht klar. Dies ist so, weil das begrenzte Wissen entsteht und geübt wird, während gleichzeitig die vollständige Durchdringung des Buddha-Dharma stattfindet. Wir sollten daher nicht glauben, dass das, was wir erreicht haben, von uns selbst wahrgenommen wird und unser unterscheidender Geist es nun weiß. Zwar ist die tiefste Verwirklichung sofort verkörpert, doch nimmt die innigste Natur des Seins nicht unbedingt die Form einer Sichtweise an. Tatsächlich ist es so, dass eine Sichtweise nichts Festes ist.

(13) Zenmeister Baoche vom Berg Mayu benutzte eines Tages seinen Fächer. Ein Mönch trat vor und fragte: „Meister, das Wesen des Windes ist beständig und er durchdringt alles. Warum benutzt Ihr einen Fächer?" Der Meister erwiderte: „Du weißt nur, dass das Wesen des Windes beständig ist, aber du weißt noch nicht, dass er alles durchdringt." Der Mönch fragte: „Wie durchdringt er alles?" Der Meister fuhr fort sich zu fächeln. Der Mönch verbeugte sich mit tiefem Respekt.

Die ursprüngliche Erfahrung des Buddha-Dharma und der lebendige Weg der korrekten Übertragung sind so geartet. Zu sagen, wir sollten den Fächer nicht benutzen, da die Natur des Windes beständig ist, und dass wir den

Wind spüren müssen, auch wenn wir nicht fächeln, bedeutet, weder die Beständigkeit noch die Natur des Windes erkannt zu haben.

Weil der Wind seinem Wesen nach beständig ist, befähigt uns der Wind der Buddha-Familie die große Erde als Gold zu erkennen und verwandelt den langen Fluss zu süßer Sahne.

Dies wurde im Mitt-Herbst des ersten Jahres der Tempuku Ära geschrieben [1233] und meinem Laienschüler Yō Kōshū, der in Chinzei [Kyūshū] lebte, übergeben. Zusammengetragen im vierten Jahr von Kenchō [1252]

Der Gesamtüberblick

Als ich dem *Genjokoan* zum ersten Mal begegnete, hatte ich 14 Jahre geübt, davon acht als „Vollzeitordinierte" in einem Tempel in den USA mit einem unglaublichen Curriculum. Ich hatte Teile davon in Dharmavorträgen erläutert gehört, aber nie das ganze Stück gelesen. Kurz davor erlebte ich eine Phase des völligen Zerfalls meines Ichs und meiner Lebensgeschichte in ihre Einzelteile. Teil davon war, mein Leben als eine Anhäufung von Überlebensstrategien zu erkennen, die ich in meiner Kindheit als Resultat der darin vorkommenden Schwierigkeiten gelernt hatte. Viele dieser Strategien waren geboren aus Leiden und erzeugten Leid in mir und anderen. Ich arbeitete mit Therapie und Übung Verantwortung dafür zu übernehmen und zu heilen. Am Ende dieses Prozesses stand die wunderbare Einsicht, dass ich lebe, und dass das Leben mich so will, wie ich bin. Genau in diesem Augenblick gab Egyoku Roshi den *Genjokoan* als Lehrstück für die intensive Übungsperiode heraus und ich als Programmmanagerin sollte es als Handout drucken.

Ich werde den Augenblick nicht vergessen, als ich in meinem Büro stand und es las. Ich hatte keine Ahnung, worüber Dogen Zenji redet, aber ich wusste: Das habe ich seit meiner Pubertät gesucht, darin liegt die Antwort auf all meine Fragen an dieses Leben. Die Lotus-Blüte hatte den Schlamm durchbrochen und begann sichtbar zu erblühen. Das ist nach all den Jahren immer noch so. Ein bisschen mehr an Einsicht in das Leben dieser Blüte ist mitgewachsen, aber wie Dogen Zenji im Abschnitt 12 sagt: „Wir sollten nicht glauben, dass das, was wir erreicht haben, von uns selbst wahrgenommen wird und unser unterscheidender Geist es nun weiß. Zwar ist die tiefste Verwirklichung sofort verkörpert, doch nimmt die innigste Natur des Seins nicht unbedingt die Form einer Sichtweise an. Tatsächlich ist es so, dass eine Sichtweise nichts Festes ist.[14]"

Auch diese Blüte wird vergehen, wie er in Abschnitt vier sagt. Doch ich hoffe, sie wird bis zu meinem letzten Atemzug weiterblühen.

Wenn man den *Genjokoan* als Gesamtes betrachtet, dann versucht Dogen Zenji zu lehren, wie man *Genjokoan* manifestieren kann. Aber schon allein der Titel ist eine besondere Herausforderung und für mich nur durch die Erklärung von Menschen verständlich, die die japanischen Schriftzeichen beherrschen. Dazu komme ich dann später. Was Dogen Zenji aber mit jedem Abschnitt macht, ist sozusagen mit einem Vorschlaghammer auf feste Ansichten zu hauen, die offenbar in jedem von uns vorherrschen, ohne dass wir es bemerken. Diese Ansichten betreffen ein Ich in Raum und Zeit und damit letztlich Leben und Tod. Dogen Zenji hat das vollste Vertrauen, dass das Leben sich als unfassbar Großes in und

---

[14] Abschnitt 12

durch uns entfaltet, wenn wir unsere verfestigten Ansichten darüber aufgeben. „Dafür gibt es einen Ort und einen Weg.[15]„

Wie in der Einleitung beschrieben, basieren die festen Ansichten auf einem Geist, der in Entweder-oder Kategorien denkt. Die Bilder Dogen Zenjis holen uns da ab und beleuchten dann die Möglichkeit des Geister darüber hinauszugehen. Dies führt über das Entweder-oder zu entweder, oder, keins von beiden und Sowohl-als-auch. Über all diese Perspektiven hinaus erschließt er dadurch die unfassbare Quelle des Lebens aus der alles lebt. Er zeigt uns, wie wir aus dieser Freiheit leben können. In Abschnitt eins bis zum ersten Satz im vierten, fasst er diese Geisteshaltungen zusammen und legt die Auslegeordnung fest, um dann in den anderen Abschnitten freundlich aber klar zu lehren, was er für sich selbst erkannt hat.

Obwohl der *Genjokoan* nie das Wort Beziehung in den Mund nimmt, geht es doch in allem, was gesagt wird, genau darum. Es ist dabei egal, ob es um die Beziehung zu Dingen, anderen Menschen oder dem Leben geht. Es geht darum, wie wir sie bedingt und unbedingt leben. Das ist letztlich absolute Intimität.

Wenn wir an die meist männlichen Vorfahren denken, die in der Zen Linie bekannt blieben, dann kommen oft die Bilder des Stockhiebe, Peitschen und anderer harter

---

[15] dito

Methoden in den Sinn und Zen macht uns wenig oder mehr Angst. Auch Dogen Zenji wirkt manchmal hart und engspurig, wenn man gewisse Schriftstücke liest. Viel davon schreibe ich seiner Zeit und den konkurrierenden Lehrmeinungen zu, denn vor allem im *Genjokoan* und im *Tenzokyokun* erlebe ich etwas anderes. Auch wenn man seine Beziehungen zu seinen Lehrern und zu seinen Schülern betrachtet, waren sie wohl von dem Geist geprägt, den Dogen Zenji im *Tenzokyokun* lehrt: freudvoll, fürsorglich und unfassbar groß. Darauf, wie er dies im *Genjokoan* lehrt, möchte ich Abschnitt für Abschnitt eingehen.

Um den Meditationsmorgen an den Sonntagen zu beginnen, lese ich seit Jahren den *Genjokoan* laut, sobald die Glocke verstummt ist. „*Genjokoan*, erstes Kapitel des *Shobogenzo*". Irgendwann fing ich an, mich zu wundern, ob Dogen Zenji zuerst den Titel hatte und dann etwas dazu sagte, oder ob er die Abschnitte niederschrieb und dann später darauf kam, dass das Einzige, was in einem Wort aussagt, was er sagen will, ist *Genjokoan*.

Nun ist es natürlich irgendwie lächerlich, wenn ich als Zen-Schülerin des Westens den Titel nehme und dann etwas dazu aussage, wo Dogen Zenji schon mehr als brillant alles gesagt hat, was es zu sagen gibt. Aber gerade für uns Westler*innen gibt es dazu vieles zu sagen. Denn wir müssen uns zuerst mit den Schriftzeichen auseinandersetzen und dann damit, was das mit unserem Leben jetzt zu tun hat, 800 Jahre nachdem Dogen Zenji es aufgeschrieben hat. Dazu muss einem klar sein, er tat dies in einer Sprache und Kultur, die selbst in Japan heute nicht mehr vorherrschen.

Um dem gerecht zu werden, halte ich mich einerseits an Kommentare von japanischen Meistern und andererseits an meine jahrelange Übung, *Genjokoan* zu manifestieren.

Man kann ewige Diskussionen über Schriftzeichen und deren Bedeutung führen und argumentieren, dass man nur dann was zu Dogen sagen darf, wenn man sie beherrscht. Das, meiner Ansicht nach, ist eine patriarchal asiatische Ansicht. Dogen Zenji ging es aber darum, uns zu helfen, zu unserer Wirklichkeit jenseits von Dualität zu erwachen. Dies gilt für westliche Menschen ebenso wie für östliche, denn auch die Himmelsrichtungen sind jenseits der Dualität.

Das Gelübde, uns zu dieser tiefsten Einsicht zu verhelfen, legte Dogen Zenji ab, als er in China im Kloster seines Meisters Rujin übte und sah, wie sich die Mönche morgens die äußerste Robe (Okesa) auf den Kopf legten und den Vers der Roben sangen.[16] Dieser vollkommenen Öffnung für den Augenblick, der das tiefste Gelübde dieses Mannes in Erscheinung brachte, verdanken wir es heute, den *Genjokoan* in den Händen halten zu können.

In Bezug auf die Schriftzeichen und deren Deutung beziehe ich mich meist auf den Kommentar von Uchiyama

---

[16] (Treasury of the True Dharma Eye, Zen Master Dogen's Shobo Genzo, 2012, S. 245)

Roshi, welcher über seinen Schüler Shohaku Okumura in den Westen kam und von ihm ebenso kommentiert und verbreitet wurden.

Genjokoan, der Titel

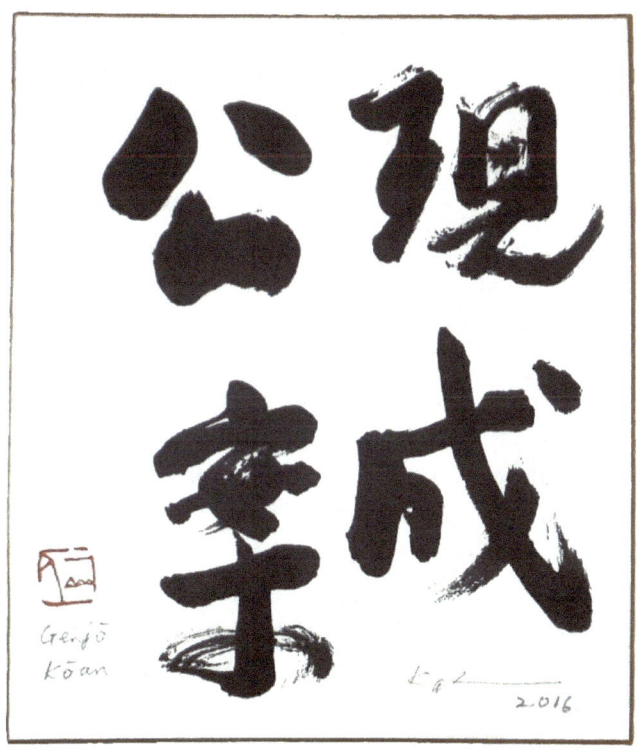

17

17 Kalligraphie „Genjokoan" von Kazuaki Tanahashi 2016

Wie Kosho Uchiyama Roshi, beziehe ich mich mit der Aufschlüsselung der Charaktere auf *Gosho*, von Senne Zenji, einen Schüler von Dogen Zenji.

Da wir im Westen eine Lautschrift haben, hat ein Wortlaut in der Regel eine Bedeutung, außer es handelt sich um ein Homophon (Schloss, Ball...). Im Japanischen ist das nicht so. Daher muss man der japanischen Schrift kundig sein, um die Bildsprache zu verstehen.

Der Titel *Genjokoan* besteht aus vier Zeichen. Dann kommt es noch darauf an, wie diese Zeichen in Beziehung zueinander gesetzt werden und dafür gibt es sehr viele Optionen, alleine wenn man die Übersetzung des Titels diverser Meister anschaut. Als Übende des Westens bleibt einem also nichts anderes übrig, als die Übersetzungen zu nehmen und zu schauen, was passiert, wenn wir uns darauf einlassen und sie üben. Da Übung und Erleuchtung für Dogen Zenji dasselbe sind, scheinen wir dadurch genau das zu tun, wozu er uns auffordert. Wenn wir das ernsthaft und immer wieder tun, geht es uns damit vielleicht sogar besser, als wenn wir uns mit intellektuellem Geplänkel über Deutungshoheiten von Schriftzeichen und deren Übersetzung ins moderne Japanisch und von dort in westliche Sprachen abgeben. Selbst wenn wir am Ende genau wüssten, was Dogen Zenji mit den vier Zeichen hat sagen wollen, heißt das noch lange nicht, dass wir erwacht sind und *Genjokoan* manifestieren.

Bevor wir jetzt aber zu den einzelnen Silben des Titel gehen, muss man wissen, dass Dogen Zenji von einer Wirklichkeit redet, die jenseits von Dualität ist, deren Ausdruck von uns, in unserer Bedingtheit als Mensch, dual wahrgenommen und mit Gedanken interpretiert wird. In der Regel merken wir diesen Vorgang nicht, denn wir glauben, was wir denken, sei die Wirklichkeit, erst recht, wenn sich diese Gedanken als Meinungen und Überzeugungen über die Wirklichkeit zementiert haben. Wenn man den Titel *Genjokoan* mit diesem Wissens-Geist liest und interpretiert, dann hat sich die Basis von Dogen Zenjis Lehre schon verflüchtigt und verwässert. Wenn man dann noch die ersten drei Abschnitte aus der Perspektive der Dualität liest, dann verliert das gesamte Stück an Tiefe und Sinn. Es hilft also, wenn man ein paarmal tief durchatmet und versucht, alles Wissen loszulassen, bevor man den *Genjokoan* liest.

Einige Kommentatoren sagen, wenn man die ersten drei Abschnitte verstanden hat, dann hat man den gesamten *Genjokoan* verstanden. Ich würde eher sagen, wenn man den Titel nicht verstanden hat, dann versteht man die ersten drei Abschnitte nicht. Aber dann versteht man auch die restlichen Abschnitte nicht, denn sie kreisen alle um den Punkt, dass die tiefste Verwirklichung der Wirklichkeit jenseits von Dualität ist, was das bedeutet und wie wir das erfahren können. So drückt sich Dogen Zenjis tiefstes Mitgefühl aus.

Mathematisch hat ein Punkt per Definition keine räumliche Ausdehnung. Genauso verhält es sich mit dem

Jetzt. Das Jetzt hat keine zeitliche Ausdehnung. Wo es aber keine Ausdehnung gibt, gibt es keine Dualität. Von wissenschaftlich denkenden Menschen sollte jetzt das Argument kommen, dass es dann kein Leben gibt. Das ist richtig im Sinne von Leben im Gegensatz zu Tod. Leben und Tod zusammen sind aber eine Einheit. Sprachlich ist das für uns schwierig, weil wir in unserer Angst vor dem Tod auch die Einheit von Leben/Tod als Leben bezeichnen. Wenn wir das Leben jenseits der Leben/Tod-Dualität verwirklichen wollen, dann bietet Dogen Zenji uns dieses Lehrstück, bei dem der Titel gleich ausdrückt, worüber er später schreibt.

Sprache stellt uns, wie oben erwähnt, immer vor das Problem des Ausdrucks, der sich abgrenzt zu einem anderen Ausdruck. Weiß grenzt sich ab zu schwarz oder anderen Farben, groß von klein... Wir merken unser Vergleichen, aber wir merken selten, dass dem Vergleichen ein Maßstab zugrunde liegt, der nirgends anders verankert ist, als in unserem Denken. Wenn wir die Bildzeichen *Gen, Jo, Ko* und *An* in Dogen Zenjis Sinne verstehen wollen, müssen wir wissen, dass er über jeden Maßstab hinausgeht.

Das *Gen* in *Genjokoan* bedeutet „Erscheinen". So beginnt die Übung des *Genjokoan* mit der Herausforderung, in sich zu erforschen, was unser persönlicher, dualer Gegenspieler von „Erscheinen" ist? Nehmen wir mal „Verschwinden". Das Gegensatzpaar ist also Erscheinen-Verschwinden. In unserem Geist ist „Erscheinen" das

Entweder und „Verschwinden" das Oder. Ein Entweder-oder Paar.

Schlau wie wir sind, argumentieren wir dann, dass Dogen Zenji wohl über das Sowohl-als-auch redet. Wenn etwas verschwindet, dann erscheint immer etwas Neues. Es stimmt durchaus, dass das so ist, es gibt das eine ohne das andere nicht.

Trotzdem ist auch das für Dogen Zenji Dualität.

Erscheinen und Verschwinden gibt es nur im Auge des Betrachters. Ich sehe etwas und im Vergleich zu vorher verschwindet oder erscheint es. In der Sowohl-als-auch Perspektive ist das Gegensatzpaar also „ich" versus dem beobachteten Objekt. Das Erscheinen von etwas ist gekoppelt an einen Betrachter, wobei der Betrachter nicht merkt, dass sowohl der Betrachter, als auch das Betrachtete lediglich eine gedankliche Interpretation eines Vorgangs oder Objekts ist. Wir halten es für wirklich. Dazu sagt Dogen Zenji: „Doch der Ozean ist weder rund noch eckig, er besitz unerschöpfliche Merkmale. Für einen Fisch sieht er aus wie ein Palast, für ein himmlisches Wesen wie eine Edelsteinkette. Für uns sieht er aus wie ein Kreis." Das entspricht unserer Bedingtheit, mit der wir der Wirklichkeit begegnen.

Gen ist jenseits davon und sehr wirklich.

„Jo" bedeutet „Erschaffen". „Jo" in Bezug auf unsere buddhistische Übung bedeutet für den gewöhnlichen Geist, wir wollen Erwachen „erschaffen". Wieso sollten wir uns sonst auf ein Kissen setzen, wenn es nichts zu erreichen gibt?

Schon das Herzsutra lehrt, dass es nichts zu erreichen gibt und nun kommt auch noch Dogen Zenji und sagt: „Sich den Zehntausend Dingen zuzuwenden um Übung-Erleuchtung zu üben ist Täuschung"[18].

Wieder ist „Erschaffen" in Dualität mit etwas, ich nenne es jetzt mal „Vernichten". Wieder ist die Basis ein Vergleich in Raum und Zeit aus der Perspektive eines Betrachters, der sich als „Ich" empfindet.

Der Kommentar Senne Zenjis, *Gosho,* sagt über *Genjo*: „*Gen* hat mit der Dualität von Erscheinen und Verschwinden nichts zu tun. *Jo* hat nichts mit Tatkraft oder Übung zu tun." Nishiari Bokusan sagt in seinem Kommentar zum *Genjokoan*[19]: „*Gen* ist jenseits von versteckt und offenbar und *Jo* ist jenseits von Werden und Vergehen."

Dieses Jenseits ist, wie oben erwähnt, nur zu finden in diesem Punkt ohne räumliche und dem Jetzt ohne zeitliche Ausdehnung. Dieses Jenseits ist nichts anderes als der gegenwärtige Augenblick, so wie er ist.

Das gute am gegenwärtigen Augenblick ist, dass er immer so ist, wie er ist. Er ist auch so wie er ist, wenn ich ihn dual wahrnehme. Dann ist der gegenwärtige Augenblick duales Wahrnehmen eines eingebildeten Ichs. Das

---

[18] Abschnitt 4
[19] Beides (Dogen's Genjokoan, Three Comentaries, 2011)

Geniale an der Bedingtheit des menschlichen Daseins ist, dass ich das merken und loslassen kann, so dass „die Macht unserer durchdringenden Einsicht[20]" dazu führt, dass man das Selbst vergisst und von den zehntausend Dingen bestätigt wird[21]. Da geht dann der Buddha-Weg los, denn „dass die Zehntausend Dinge durch Übung-Erleuchtung das Selbst ausüben ist Erwachen.[22]„

Folglich übersetzt Kosho Uchiyama *Genjo* mit: „Der gegenwärtige Augenblick, der zum gegenwärtigen Augenblick wird."[23]

Heutzutage ist es ein Hype zu sagen, „ich lebe im Hier und Jetzt." Was Menschen dann aber meist damit meinen, ist dass sie die Zeitspanne ihrer Perspektive verringern und sowohl die Kindheit, wie auch das Altern und den Tod ausblenden. Trotzdem planen sie im Hier/Jetzt ihre Scheidung oder Karriere oder etwas, was ihre Zeit auf die letzten und die nächsten fünf Jahre ausdehnt. Darum geht es Dogen Zenji mit *Genjo* überhaupt nicht. Zum Hier/Jetzt sagt er: „Wir sollten wissen, dass Brennholz im Zustand des Brennholzes verweilt und ein eigenes Vorher und Nachher hat. Doch obwohl es Vorher und Nachher gibt, sind Vergangenheit und Zukunft abgetrennt."[24] Damit ist gemeint, dass das ganze Leben in

---

[20] Abschnitt 10
[21] Abschnitt 6
[22] Abschnitt 4
[23] (Dogen's Genjokoan, Three Comentaries, 2011, S. 153)
[24] Abschnitt 8

diesem Augenblick ist. Dieser Augenblick ist ein Ausdruck des unfassbaren Lebens, welches durch mich gelebt wird, egal ob ich das erkenne oder nicht. Wenn ich aber die große Erde als Gold erkennen will, dann muss ich hinschauen, bzw. da sein, wo ich bin.

Neulich betreute ich einen sterbenden Patienten, dem ich das erklärte. Er begriff sofort, was ich meinte und von diesem Zeitpunkt an wollte er auch nicht mehr, dass seine Frau von Hoffnung redet. Er sagte, das lenke ihn vom gegenwärtigen Augenblick ab. Auch als er wirklich in der letzten Woche war und keine 50 Meter mehr laufen konnte, sagte er mir noch, wie viele gute Augenblicke er habe und wie glücklich er sei.

Immer wieder erstaunt es mich, wenn Menschen, die ganz konkret mit ihrer Sterblichkeit konfrontiert sind und deren Überlebensstrategien ausgedient haben, auf natürliche Art verstehen, dass Hier/Jetzt keine zeitliche Ausdehnung hat, aber dafür das Leben pur ist. Das Hier/Jetzt mit ihnen teilen zu dürfen ist eine große Ehre und macht es auch mir leichter, es zu verwirklichen. Denn jetzt kommen wir zu *Ko* und *An* und warum diese Erfahrung des Hier/Jetzt so kostbar ist.

Das Wort *Koan* kennen wir aus der Zen Übung, auch wenn wir selten den Sinn dieses Wortes erforschen. Koan besteht aus zwei Schriftzeichen. In diesem Schriftbild ist das erste Zeichen gleich wie in der Koan-Übung, das zweite hat eine etwas andere Bedeutung. Zu *Koan* in *Genjokoan* wird in *Gosho* gesagt: „Das Wort *Koan* kommt aus der weltlichen Gesellschaft und wir können dieses Wort im weltlichen und im überweltlichen Sinn verstehen. Die Definition von *Ko* (öffentlich) in seinem weltlichen Sinn, bedeutet das Ungleiche anzugleichen. Eine Welt anzugleichen, die ungleich und ungerecht ist, ist die Essenz von Öffentlichkeit und davon, über das Eigenwohl hinauszugehen. Rechtschaffen zu regieren, bedeutet die Ungleichheiten anzugleichen. *An* bedeutet, den eigenen Raum im Leben einzunehmen. In welcher Situation auch immer, seinen Platz zu behaupten, ist die Bedeutung von *An*." Ursprünglich war *Koan* ein politischer Begriff. Ein *Koan* war eine kaiserliche Verordnung mit Gesetzescharakter. Wunderbarerweise bedeutet es wörtlich das Ungleiche auszugleichen und den eigenen Platz einzunehmen. Ein sehr schöner politischer Auftrag. Gesetzestexte so zu erlassen und danach zu leben wäre Demokratie in einem Sozialstaat pur.

Wir können es auch für unser persönliches Leben übernehmen, wenn wir *Genjokoan* manifestieren wollen. Das ist die ganze Übung.

Nun leben wir nicht mehr in der japanischen Gesellschaft des 12. Jahrhunderts oder gar der chinesischen Gesellschaft des ersten Jahrtausends a.D.. Damals herrschte eine Art Klarheit darüber, welcher Platz im Leben einem zugewiesen war und das hatte man irgendwie auf die Reihe zu bekommen. In der heutigen Individualitätsgesellschaft ist das nicht mehr vorstellbar, schließlich wollen wir uns verwirklichen. Das ist es, was wir darunter verstehen, unseren Platz einzunehmen.

Aber: um unser Autonomieverständnis geht es in *Koan* nicht.

Wieder müssen wir uns daran erinnern, dass Dogen Zenji von der Wirklichkeit jenseits von Dualität redet. Wenn *Ko* also bedeutet das Ungleiche oder Ungerechte auszugleichen, müssen wir uns wieder fragen, was wir als „gerecht" und „ungerecht" betrachten und wie wir das in unserem Leben definieren und erfahren. Damit kommen wir wieder zum ersten Schritt, das Selbst zu ergründen.[25]

Wenn wir *Ko* in unserer Übung ergründen, bedeutet das nicht, dass wir darüber nachdenken, was wir alles als gerecht und ungerecht beurteilen. Gedanken entstehen von selber, wir müssen sie nicht auch noch zum Kaffee einladen. Was passiert, wenn wir Gedanken zum Kaffee einladen, ist ein Kaffeeklatsch in unserem Hirn, der zu nichts führt, außer zu noch mehr Urteilen und Vorurteilen. Wenn wir mit einem Begriff wie *Ko* sitzen, dann bedeutet das, die Spannung zu spüren, die die Dualität in uns bewirkt. Wenn wir diese lange genug aushalten, ohne sie mit neuen Begriffen zu nähren, dann passiert *Ko* automatisch, das Ungleiche gleicht sich aus. Das ist die Wirklichkeit jenseits der Dualität von ungleich und gleich. Diese Wirklichkeit ist wach und präsent.

---

[25] Abschnitt sechs

Als Erleben und Übung wird es noch etwas komplexer, wenn wir mit *An* üben. Jenseits von Dualität „den eigenen Standpunkt einzunehmen" erscheint im ersten Augenblick wie ein kompletter Widerspruch. Auch diesmal müssen wir uns wieder auf die Suche begeben, wo unsere dualistische Ansicht versteckt ist. Wenn es einen eigenen Standpunkt gibt, muss es einen fremden Standpunkt geben, einen, von dem wir uns abgrenzen. So funktioniert die verblendete Logik unseres Gehirns. Es kommt dann hinzu, dass wir unseren Standpunkt fixieren, ihn für gerecht und daher für richtig halten.

Um zu erklären, dass diese Logik nicht mit der Wirklichkeit übereinstimmt, benutzt Dogen Zenji das Bild eines Bootsfahrers. „Wenn eine Person in einem Boot fährt und das Ufer betrachtet, mag sie fälschlicherweise annehmen, das Ufer bewege sich. Wenn sie direkt das Boot im Vergleich zur Wasseroberfläche betrachtet, bemerkt sie, dass es das Boot ist, welches sich bewegt."[26] Wir leben quasi in der Ansicht, dass das Boot fix ist und die Fährfrau die bewegte Welt erkennt. Wenn wir aber erkennen wollen, dass wir es sind, die sich bewegen, mehr noch, dass alles sich ständig bewegt, müssen wir innehalten und hinschauen. Den eigenen Standpunkt einzunehmen ist daher ständige Bewegung.

Koan jenseits von Dualität bedeutet also eine Art von sehr präsenter Ausbalancierung und Dynamik, die mit dem Leben mitgeht. Ein etwas moderneres Bild könnte

---

[26] Abschnitt 7

sein, auf einem Paddleboard aufzustehen und zu rudern. Selbst auf so einem wackeligen Ding hat man den Eindruck, man befände sich im Zentrum der Welt, die sich um einen dreht. Die Wirklichkeit holt einen aber sofort ein, denn wenn man nicht sehr präsent ist, sich den Wellen anpasst und gegebenenfalls schnell mal auf die Knie geht, dann landet man im Wasser. Und wenn man im Wasser landet, bedeutet *Koan* wieder aufs Board zu klettern oder an Land zu schwimmen, denn wir leben in der Bedingtheit eines Menschen und können nicht zu Fischen mutieren, nur weil wir umfallen. In *Gosho* sagt Senne Zenji: „Das Buddha-Dharma bedeutet die Ungleichheit und den eigenen Standpunkt als eine vollständig dynamische Funktion einzunehmen."[27]

Uchiyama Roshi fasst die Erklärungen wie folgt zusammen und übersetzt *Genjokoan* mit: „Die gewöhnliche Tiefgründigkeit des gegenwärtigen Augenblicks, der zum gegenwärtigen Augenblick wird." Das ist die dynamische Funktion, über die Senne Zenji redet. Den gegenwärtigen Augenblick interessiert es nicht, ob er für uns gegenwärtig ist. Er wird uns jederzeit auf dem Silbertablett präsentiert. Doch wenn wir hinschauen und dynamisch unseren Standpunkt einnehmen, dann gewinnt unser Leben dadurch die Tiefgründigkeit, die in jedem gewöhnlichen Augenblick steckt. In Einklang mit diesem unermesslichen Augenblick zu leben ist *Genjokoan* zu manifestieren.

---

[27] (Dogen's Genjokoan, Three Comentaries, 2011, S. 150)

Jetzt haben wir die vier Bildzeichen etwas geklärt. Nur um aufzuzeigen, was verschiedene Zen-Meister daraus gemacht haben und wie sie es übersetzen, hier noch ein paar Vorschläge. Jede*r kann für sich versuchen rauszufinden, was sie zum Üben davon inspiriert und was nicht.

Taizan Maezumi: *Der Weg des alltäglichen Lebens*. Original: The Way of Everyday Life[28]

Shohaku Okumura: *Die Verwirklichung der Wirklichkeit*. Original: Actualization of Reality[29]

Kazuaki Tanahashi: *Die Verwirklichung der wesentlichen Angelegenheit.* Original: Actualizing The Fundamental Point[30]

Abt Muho aus Antaji: *Vergegenwärtigung offenbarer Tiefe.[31]*

---

[28] (The Way of Everyday Life, 1978)
[29] (Realizing Genjokoan, 2010)
[30] (Treasury of the True Dharma Eye, Zen Master Dogen's Shobo Genzo, 2012)
[31] Siehe deutsche Homepage vom Kloster Antaji

Abschnitt 1-3

Alle Kommentare, die ich studiert habe, behandeln Abschnitt eins bis drei zuerst einmal als Gesamtes. Wobei dann Uchiyama bei Abschnitt drei auf einen kleinen, aber sehr entscheidenden Punkt aufmerksam macht. Am liebsten würde ich mit Abschnitt drei anfangen, weil es dann klar wird, worauf Dogen Zenji hinaus will. Wahrscheinlich versteht man es aber nicht, wenn er uns vorher nicht erklärt, wie er dahinkommt. Im neuen Fachjargon des Kapitalismus, sollte ich lernen, weniger ergebnisorientiert zu kommunizieren, sondern mehr prozessorientiert. Ich werde mich bemühen.

Für mich sind diese drei Einleitungssätze eine Art Auslegeordnung von Dogen Zenji und wie er die Welt, aber auch seinen Platz und seinen Weg darin, erkannt hat. Hakuun Yasutani macht in seinem Kommentar „Flowers Fall[32]„ darauf aufmerksam, dass Dogen Zenji nie in Ich- oder Wir-Form schreibt. Es ist eine erstaunliche Fähigkeit von Dogen Zenji, ganz persönlich zu sein, ohne einen in die Falle der subjektiven Wahrnehmung des Ichs zu locken. Ich empfehle daher allen, sich ganz und gar in jedes Bild hineinzuversetzen und alle Standpunkte auszuprobieren. Denn was Dogen Zenji sagt, ist genau das:

---

[32] (Flowers Fall, 1996)

Jenseits von Dualität sind wir alle Zehntausend Dharmas, also alles. Wenn wir das aber hören, bewirkt es wiederum in unserm Geist oft eine Ich-Inflation, weil wir es aus der Perspektive der Dualität angehen und immer im Vergleichen sind. Dogen Zenji will uns aber genau da heraushelfen und zeigt uns durch seine Bilder den Weg.

Nochmals zur Wiederholung: Jedes Wort, das Dogen Zenji spricht und jedes Bild, das er entwirft, basiert auf der Basis der Nicht-Dualität.

Da er uns zu dieser Lebenserfahrung hinleiten will, müssen wir ihm unseren denkenden Geist anvertrauen und unsere Konzepte versuchen so gut wie möglich loszulassen. Im Fukanzazengi[33] spricht Dogen Zenji über diese Art der Zuflucht im Zazen folgendermaßen: „Denkt das Nicht-Denken. Wie geht das! Dadurch, dass man das Denken sein lässt, wie es ist. Dies ist die wesentliche Kunst des Zazen." Aus dieser Energie heraus lebt Dogen Zenji dann den Augenblick und nimmt die Welt wahr. Deswegen nimmt er die Dinge wahr, wie sie sind, ohne dass sie durch seinen denkenden Geist fixiert werden.[34]

Im Gegensatz zu Dogen Zenji ist unsere Weltanschauung so, dass wir in der Regel mit unserem unterscheidenden Geist die Dinge wissen. Nun müssen wir erst mal merken, dass wir das überhaupt tun, denn dieses „Wissen"

---

[33] Fukanzazengi übersetzt von Daigaku Rumé aus (Fukanzazengi aus: The Essence of Zen, 2008, S. 7)
[34] (Realizing Genjokoan, 2010, S. 52)

ist eine Handlung in dem Sinn, dass wir unsere Gedanken bearbeiten und sie dann als Wahrheiten ablegen. Weil sich das so tief verwurzelt hat, merken wir nicht mehr, dass wir nicht die Zehntausend Dinge wahrnehmen, wie sie sind, sondern dass wir unser Wissen wahrnehmen.

Im Abschnitt 1-3 zeigt Dogen Zenji uns ein Weltbild auf, das dieses Wissen erschüttert, selbst wenn wir zutiefst davon überzeugt sind, dass wir verstehen, was er sagt. Schließlich meditieren wir vielleicht schon lange und haben eventuell auch schon die Erfahrung der Leerheit gemacht, also ist es ja offensichtlich, dass Dogen Zenji über das Absolute, das Relative und das Sowohl-als-auch redet. Tut er nur, wenn man davon ausgeht, dass Dogen Zenji aus der Perspektive des Vergleichens spricht. Das tut er aber nicht.

(1) Wenn alle Dharmas das Buddha-Dharma sind,
gibt es Täuschung und Erwachen, Übung, Leben und Tod, Buddhas und lebende Wesen.

Was also passiert, wenn alle Dharmas das Buddha-Dharma sind? Oder viel wichtiger: Was bedeutet das für mein Leben?

Die Schwierigkeiten beginnen damit, dass Dogen Zenji in den ersten Abschnitten Formen benennt, die für uns keine Formen sind. Als Formen bezeichnen wir normalerweise DInge, die wir mit den Augen und dem Tastsinn wahrnehmen. Selbst ein Ton ist nicht wirklich eine Form für uns. Die Beispiele, die Dogen Zenji in den ersten drei Abschnitten benennt, sind in der Schulung des Klarblicks (Vipassana) dem Bereich der geistigen Formation, also den Konzepten, zugeordnet.

Wie ich in der Besprechung des Titels schon erwähnt habe, sind wir jetzt gefragt, Abschnitt sechs anzuwenden und das Selbst oder unser Bild von uns Selbst zu erforschen, wenn ich erwachen will.

„... gibt es Täuschung und Erwachen, Übung, Leben und Tod, Buddhas und lebende Wesen". Tatsächlich glauben wir an eine Täuschung als Gegenpol zu einem Erwachen. Manche Aktivitäten definieren wir als spirituelle Übung, andere als weltlich und ganz sicher ist man entweder tot oder lebendig. Das ist uns vielleicht peinlich, es zugeben zu müssen, aber Fakt ist, dass wir glauben, dass alles zu wissen. Alle Menschen wissen auf diese Weise, auch wenn wir noch so gerne drüber stehen würden.

Darin liegt aber die Dynamik unserer Verblendung und wie wir uns immer weiter in die Spirale des Leidens hineindrehen.

Was wollen wir denn erreichen mit unserer Übung? Wir wollen über dem Leben stehen, weil wir nicht mehr leiden wollen. Also suchen wir uns vom Gegensatzpaar dasjenige aus, was uns angenehmer erscheint und versuchen unseren Buddha-Weg so zu gestalten, dass wir da hinkommen. Darüber spricht Dogen Zenji im Abschnitt sieben ein klares Wort: „Wenn jemand beginnt die Lehre zu suchen, entfernt er sich damit weit davon." Denn für Dogen Zenji ist das nicht der Buddha-Weg. Der Buddha-Weg basiert auf Nicht-Dualität.

Nochmals: Was passiert, wenn alle Dharmas das Buddha-Dharma sind? An diesem Punkt kommt das Hier/Jetzt ins Spiel, über das ich im Titel gesprochen habe. Ebenfalls in Abschnitt sieben sagt Dogen Zenji, wo wir uns täuschen oder wo das Problem liegt, an dem wir leiden: „Ebenso mögen wir, wenn wir Körper und Geist in einer verwirrten Weise betrachten und alle Dinge mit einem unterscheidenden Geist ergründen, fälschlicherweise annehmen, die Natur des Geistes sei beständig." Dieser unterscheidende Geist ist etwas sehr Subtiles, der an seine eigene Beständigkeit glaubt. Er glaubt, was er denkt ist die Wahrheit und zwar für immer.

Zum Beispiel merken wir nicht, dass dem Gegensatzpaar Täuschung-Erwachen ein Glaube hinterlegt ist, von dessen Wahrheit wir überzeugt sind. Wir sind davon überzeugt, wenn wir dieses und jenes üben, kommt der Durchbruch, dann sind wir rein und nie mehr in der Täuschung verhangen. Wir für immer erwacht und glücklich! Oder noch schlimmer, wir glauben, weil wir eine Leerheitserfahrung gemacht haben, sind wir erwacht und alle anderen, die es nicht kapieren, sind arme Schweine. Das ist das was im Zen der Gestank der Leerheit genannt wird. Wir merken nicht, dass sich hinter jeder Ansicht die Überzeugung eines Ichs versteckt, und dass diese Überzeugung die Ursache für unser Leiden ist, nicht die Tatsache, ob wir unserem Konzept über Täuschung und Erwachen entsprechen.

Deshalb sagt Dogen Zenji abschließend in Abschnitt sieben: „Doch wenn wir aufs Innigste üben und immer wieder zum Jetzt zurückkehren, wird die Wahrheit offenbar, dass nichts ein festes Selbst besitzt."

Was wiederum ist nun das Jetzt und was hat es mit der nichtdualen Form zu tun?

Sehr schön und erhellend ist eine Geschichte für mich, die Daishin Buksbazen Sensei mal über den Sohn von Daido Loori Roshi erzählt hat. Die Drei fuhren im Auto Richtung Venice Beach in Los Angeles, wo es täglich bis zur Mittagszeit bewölkt und neblig ist. Diese Wolkenbank sieht man lange vorher auf sich zukommen. Man fährt wirklich buchstäblich in eine Nebelsuppe hinein. Während die beiden Erwachsenen enttäuscht waren, sagte der Sohn von Daido: „Wow, wenn man ganz in den Nebel reinfährt, gibt es keinen Nebel mehr."

Der ganze „Trick" ist also, sich hundert Prozent auf etwas einzulassen. Wenn man zu diesem Hier/Jetzt zurückkehren kann, dann verschwinden sowohl die Dualität, wie auch der subtile Glaube an ein Ich, welches die Welt wahrnimmt. Es wird ein ganzheitlicher Ausdruck des Lebens Hier und Jetzt. Dann ist Trauer einfach Trauer, ohne die ganze Geschichte dahinter, warum man traurig ist und leidet und wie man da rauskommt. Schon in der zweiten edlen Wahrheit hat der Buddha gesagt, dass wir leiden, wenn wir von Liebem getrennt sind. Jetzt sind wir eine Manifestation davon. Nicht mehr und nicht weniger. Um das zu unterstreichen fügt Dogen Zenji in seinem Kommentar zum Herzsutra, wo gesagt wird *Form ist Leere, Leere ist Form*, hinzu: „Form ist Form. Leere ist Leere."[35] Hier wird auch klar, dass es sich nicht um ein Sowohl-als-auch handelt. Sondern um hundert Prozent die eigene Bedingtheit als Mensch zu leben.

---

[35] (Treasury of the True Dharma Eye, Zen Master Dogen's Shobo Genzo, 2012, S. 129)

Wir werden nie etwas anderes sein als hundert Prozent das, was wir im Hier/Jetzt sind. Alles andere ist Phantasie. Doch selbst diese Phantasie ist ein Ausdruck des Hier/Jetzt. Wir allerdings glauben, hier ist die Phantasie und das bin ich, die diese Phantasie hat und so beißt sich die Katze der Dualität in den Schwanz. Aber selbst diese Katze, die sich in den Schwanz beißt, ist ein Ausdruck der Wirklichkeit des Lebens, ob uns das passt oder nicht und ob wir das kapieren oder nicht. Wenn wir es allerdings mal merken, dann wird das Leben schon viel einfacher und humorvoller, als wenn wir auch noch glauben, wir sind das Opfer der Katze, die sich in den Schwanz beißt.

Wenn wir glauben, wie wir das Leben wahrnehmen, ist die ganze Wirklichkeit, um uns dann als Opfer der Wirklichkeit zu betrachten, leiden wir. Das ist ein unnötiges Leiden, aber Teil der menschlichen Bedingtheit. Es wird weder ein Prinz auf einem Schimmel daher geritten kommen, um uns zu befreien, noch ein Buddha barfuß, um uns zu erleuchten. Dafür sind wir selbst-verantwortlich, in dem wir nach Methoden suchen, die uns inspirieren hinzuschauen und denen wir uns mit Disziplin, Freude, Hingabe und Ausdauer widmen. Dies ist der einzige Abschnitt in diesen ersten Drei, in dem Dogen Zenji die Übung erwähnt und das ist meiner Ansicht nach der Grund dafür.

(2) Wenn die Zehntausend Dinge
ohne festes Selbst sind, gibt es keine Täuschung
und kein Erwachen, keine Buddhas, keine lebenden Wesen, keine Geburt und keinen Tod.

Wenn wir diesen Abschnitt hören, geht Zen-Übenden
vermutlich erst mal das Herz-Sutra durch den Kopf, in
dem alles negiert wird, was man sich vorstellen kann.
Was mir als in Deutschland Kultivierte ebenfalls durch
den Kopf geht ist ein Rilke-Gedicht[36].

> *Ich fürchte mich so vor der Menschen Wort,*
> *Sie sprechen alles so deutlich aus:*
> *Und dieses heißt Hund und jenes heißt Haus,*
> *und hier ist Beginn und das Ende ist dort.*
> *...*
> *Ich will immer warnen und wehren:*
> *Bleibt fern.*
> *Die Dinge singen hör ich so gern.*
> *Ihr rührt sie an: sie sind starr und stumm.*
> *Ihr bringt mir alle Dinge um.*

---

[36] Rainer Maria Rilke, 21.11.1898, Berlin-Wilmersdorf

Was sind „die (Zehntausend-) Dinge" jenseits der Namen, die wir ihnen geben? Und was passiert in uns, wenn wir die Dinge betrachten, ohne ihnen mit einem Namen eine Grenze aufzuerlegen und wie Rilke es ausdrückt, sie umbringen? Ganz persönlich: wer sind wir, ohne unsere Namen?

Vom Herzsutra kennen wir in der Regel die Sätze: „Form ist Leere, Leere ist Form". Nun könnte man meinen, Dogen Zenji sagt dasselbe, wenn man Abschnitt eins und zwei hintereinander liest. Doch Dogen Zenji setzt sie nicht als zwei Sätze hintereinander, sondern lässt sie als einzelne Abschnitte für sich stehen.

Wieder müssen wir uns erinnern, alles was er sagt, ist jenseits von Dualität. Er lässt uns auch keine Chance, in die Dualität von Leere versus Form zu flüchten. Daher sagt er im Maka Hanja Haramitsu[37]: „Form ist Form. Leere ist Leere."

Wir können noch so lange vor dieser Wahrheit davonlaufen, aber letztlich ist etwas in uns, das weiß, dass die Dinge nicht so sind, wie wir denken, dass sie sind. Selbst wenn wir das intellektuell wissen, heißt das noch lange nicht, dass wir unsere Vorstellung von den Dingen loslassen können. Denn wenn wir so radikal sind, unsere

---

[37] (Treasury of the True Dharma Eye, Zen Master Dogen's Shobo Genzo, 2012, S. 129)

Vorstellung der Wirklichkeit gegen die Wirklichkeit einzutauschen, dann bricht auch die Vorstellung von dem festen Selbst, der Glaube „Ich bin" zusammen.

Dogen Zenji scheint diese Angst vor der Einsicht in Leerheit zu kennen, die aber auch gleichzeitig für das Erwachen eine Voraussetzung ist. Daher sagt er später liebevoll: „Erwachen zerstört die Person nicht, so wie der Mond kein Loch ins Wasser bohrt."[38]

Auch Kazuaki Tanahashi weiß um unsere Angst vor der Zerstörung durch dieses Wort „MU", welches in der Regel mit Leerheit übersetzt wird. Daher benutzt er in seiner Übersetzung des Herz-Sutras[39] das Wort „boundlessness", was am ehesten mit „Grenzenlosigkeit" oder „Unermesslichkeit" übersetzt werden kann. Wenn man „Unermesslichkeit" nimmt, dann muss man zwar wieder aufpassen, dass man nicht gleich in die Falle der Ich-Inflation verfällt, aber andererseits löst es nicht gleich unermessliche Angst aus. Unermesslichkeit jenseits von Dualität ist das Ende des Vergleichens.

Man kann weder das Ende von „schwer" messen, noch dessen Anfang. Ebenso ergeht es mit „leicht". Leicht ist unermesslich oder grenzenlos leicht. Leicht und schwer gibt es nur durch den Vergleich und dadurch, dass wir es in Beziehung zu etwas anderem setzen. Es ist wie Rilke sagt, wir geben ihnen einen Namen und damit eine

---

[38] Abschnitt 9
[39] (The Heart Sutra, 2014, S. 3)

Grenze. Aber mit der Grenze bringen wir auch die Unermesslichkeit aller Dinge um.

Wenn wir erkennen, dass die Grenzen nicht in den Zehntausend Dingen liegen, sondern in unserem begrenzenden Denken, dann werden nicht die Dinge zerstört, sondern unser Denken über die Dinge. Dogen will uns Mut zu diesem Loslassen machen, ohne welches der Buddha-Weg, über den er im nächsten Abschnitt spricht, nicht möglich ist. Wenn man erkennt, dass Täuschung ein Konzept unseres Geistes ist, sowohl als auch Buddha, Leben, Tod und Erwachen, dann gibt es diese Dinge nicht. Punkt. Fertig. Das ist es, was Dogen in diesem Abschnitt sagt.

Unsere Vorstellungen von Dingen loszulassen, heißt auch, unsere Vorstellung von uns selbst loszulassen. Das eine kann nicht ohne das andere geschehen. Aus der Hirn- und Verhaltensforschung wissen wir mittlerweile, dass unser Überlebenstrieb das nicht zulassen will und wird. Unsere Vorstellung von uns selber loszulassen, ist für unser menschliches Gehirn gleichbedeutend wie Sterben, denn wir haben uns innerlich definiert und unsere Grenzen festgelegt. Dieses Festlegen der Grenzen geschieht durch unser Denken. Daher ist es auch nicht möglich, durch Denken Jenseits von Denken zu gelangen. Alle, die jemals versucht haben zu meditieren, wissen, wie schwer es ist und wie viel Geduld es braucht, das Denken sein zu lassen, wie es ist und zum Hier/Jetzt zurückzukehren. Aber wenn wir erfahren wollen, was

Dogen Zenji in Abschnitt Zwei sagt, bleibt uns nichts anderes übrig, als genau das zu tun und immer wieder zu üben.

Ja, das „Ich" wie wir es kennen, wird in dieser Einsicht in Leerheit zerstört und ja, das erschüttert das Leben bis in seine Grundfeste. Alle, die das bestreiten, haben meiner Ansicht nach nicht vollständig erfahren, was Leerheit bedeutet oder können sich an die erste Leerheitserfahrung nicht mehr erinnern. Persönlich gesprochen war es bei mir so, dass das Einzige, was mich davon abhielt, mir etwas anzutun, die Einsicht war, dass der Buddha nichts anderes erkannt haben kann und er am Ende seines Weges darüber hinaus etwas erkannt haben muss, was ihn lächeln ließ. Konzepte sind (über-)lebenswichtige Vorgänge in der Bedingtheit eines Menschen. Nach dieser Leerheitserfahrung brauchte ich eine geraume Zeit der reinen Erinnerung, dass man bei Rot an der Ampel stehen bleibt und bei Grün über die Straße geht. Es war wirklich ein schwieriges halbes Jahr und alles andere wäre eine Lüge. Trotzdem bin ich froh, dass ich diese Einsicht hatte, denn ihre Wahrhaftigkeit war unbestreitbar und ich hatte mich nur gewundert, wie ich fast dreißig Jahre durch die Welt gehen konnte, ohne es zu merken. Dabei war es noch relativ einfach zu erkennen, dass Form Leere ist. Für die Erkenntnis, dass Leere Form ist, und dass sich Form und Leere entsprechen, brauchte ich deutlich mehr Jahre intensiver Übung.

Ich möchte allen Menschen Mut machen die Dinge radikal in Frage zu stellen, so wie es der Buddha, Dogen Zenji und viele andere Vorfahren taten. Ich hätte es nicht für möglich gehalten, dass ich das Leben mal so sehen, erleben und leben darf, wie ich es jetzt tue. Ich danke allen Lehrerinnen und Lehrern, die mir dabei halfen. Mit allem Leiden, allem Leben und Sterben, das es beinhaltet, ist das Leben und unser persönliches Leben so viel mehr als das, was wir denken, dass es ist. Hier noch einmal Dogens Mut-Macher: „Erwachen zerstört die Person nicht, so wie der Mond kein Loch ins Wasser bohrt."[40] Niemand verschwindet in der Leerheitserfahrung. Im Gegenteil, wir haben die Chance, uns unserer Unermesslichkeit gewahr zu werden und unser Leben dementsprechend zu gestalten.

Über diese Art der Lebensgestaltung redet Dogen dann in Abschnitt drei.

---

[40] Abschnitt 9

(3) Da der Buddha-Weg
naturgemäß über den Zwiespalt von Überschuss und Mangel hinausgeht, gibt es Erscheinen und Erlöschen, Täuschung und Erwachen,
lebende Wesen und Buddhas.

In Abschnitt eins und zwei erklärt uns Dogen Zenji etwas
über das Wesen der Erscheinungen (der Zehntausend
Dinge oder der Buddha-Dharmas). In Abschnitt drei redet er über die Konsequenzen, die das für den Buddha-
Weg hat. Das ist ein zentral wichtiger Punkt, den vor allem Uchiyama in seinem Kommentar hervorhebt. Es
geht jetzt nicht mehr um ein theoretisches Konzept oder
die Zehntausend Dinge, die wir wahrnehmen. Es geht
jetzt ganz konkret über den Lebensweg eines Menschen,
der Abschnitt eins und zwei verstanden hat. Dieser Lebensweg ist damit auch keine persönliche Entscheidung
basierend auf konzeptionellem Denken mehr, sondern
es ist das natürliche Outcome für die persönliche Bedingtheit dieses bestimmten Menschen. In Abschnitt
sieben drückt er dies folgendermaßen aus: „Wenn die
wahre Lehre korrekt in einem übertragen ist, dann ist jemand unmittelbar eine ursprüngliche Person." Da es
aber kein festes Selbst gibt, ist jede ursprüngliche Person
ein ganz einzigartiges Dasein, das nur im Hier/Jetzt seine
Soheit manifestiert. Sie ist eine ganze Welt an sich (*Jijuyu*

Zanmai)[41]. Ob wir in unserem persönlichen Leben dieses Potential leben, ist nochmals eine ganz andere Geschichte.

Ein Leben, das über den Zwiespalt von Überschuss und Mangel hinausgeht, lebt aus der Quelle jenseits von Dualität, die sich aber in bestimmten Formen ausdrückt. Diese bestimmte Form – eine Einheit als Mensch- nimmt in der Gesamtheit des Lebens bestimmte Standpunkte ein, hat Meinungen und erfüllt einen bestimmten Zweck (Müll runterbringen, zum Beispiel).

Ich erinnere mich, dass Roshi Egyoku in einem Dharma-Vortrag einmal sagte, dass der Buddha-Weg und seine wahre Übung nach dem Durchbruch erst anfangen. Ich wunderte mich, was sie wohl damit meinte, denn zu diesem Zeitpunkt hatte ich schon ein paar Jahre intensiv geübt. Sie sagte im Prinzip dasselbe wie Dogen Zenji. Alles bis zum Durchbruch, wo eine Erkenntnis über Bedingtheit und Unbedingtheit des Seins erlangt wird, ist ein Durchbrechen von künstlichen Grenzen des bedingten Selbst. Ein Selbst-Befreiungsweg sozusagen. Lange wird diese Freiheit sein, einen weiteren Radius zu haben. Ryodo Sensei beschrieb es mal ungefähr so: ‚Wenn wir eine Erkenntnis haben, dann ist es, als ob wir eine Sonnen-

---

[41] (The Wholehearted Way, A Translation of Dogens Bedowa with Commentary of Kosho Uchiyama Roshi, 1997, S. 78)

brille ablegen und es plötzlich hell wird. Mit der Zeit erkennen wir halt, dass wir noch fünfzig andere auf der Nase sitzen haben.' Etwas Humor ist immer hilfreich.

Dogen Zenji spricht aber über einen kompletten Perspektivenwechsel im Leben. Doch auch da hört der Weg nicht auf. Denn wenn das Leben in der Lebenskraft jenseits der Dualität ruht, Hier/Jetzt Realität ist, dann wird es eine nie endende Übung, immer aufs Neue zum Hier/Jetzt zurückzukehren.

In diesem Sinne kann niemand mein Leben leben und ich kann keinen Furz mit jemandem teilen, wie es manchmal ausgedrückt wird. Ich kann auch niemanden erleuchten. Aber in dem Augenblick, wo die Unermesslichkeit aller Zehntausend Dinge erkannt ist, ist in dieser Einheit Leben alles erleuchtet. Dieses Selbst, welches kein festes Selbst ist, und das den Buddha-Weg verwirklicht, ist ein Selbst, das nichts als das Selbst auslebt (*Jijuyu Zanmai*)[42]. Es ist das Selbst, das die vollständige dynamische Funktion im Hier/Jetzt ausübt.

Im Fukanzazengi platzt dann plötzlich aus Dogen Zenji raus, was er mit Anschnitt eins bis drei sagen will: „Körper und Geist werden von alleine wegfallen und das ursprüngliche Selbst wird sich offenbaren. Wenn ihr „Soheit" erlangen wollt, übt „Soheit" jetzt!"[43]

---

[42] (The Wholehearted Way, A Translation of Dogens Bedowa with Commentary of Kosho Uchiyama Roshi, 1997, S. 78)
[43] (Fukanzazengi aus: The Essence of Zen, 2008, S. 8)

Weil Hier/Jetzt aber immer neu ist, ist Erkenntnis kein einmaliger Akt nachdem wir für immer erwacht sind, es uns dann jederzeit klar ist, wie wir uns zu entscheiden haben, unsere Unsicherheit und Verletzlichkeit vorbei ist und Angst vor dem Sterben haben wir auch keine mehr. So funktioniert das nicht, also zumindest habe ich es so nicht erfahren.

Auch Buddha ist eine vollständig dynamische Funktion im Hier/Jetzt. Oft genug bin ich halt ein ganz normales lebendes Wesen, welches sich mit seinen Mustern und Bedingtheiten rumschlägt und sich bestenfalls daran erinnert, dass es auf der Basis der Quelle jenseits von Dualität lebt. Wenn es mir im Alltag einfällt, rezitiere ich oft Kosho Uchiyamas Übersetzung von *Genjokoan* wie eine Art Mantra: „Die gewöhnliche Tiefgründigkeit des gegenwärtigen Augenblicks, der zum gegenwärtigen Augenblick wird."

Davon bin ich eine Manifestation, auch in Augenblicken, wo ich mir dessen nicht bewusst bin und mich jemand anders nervt. Ebenso sind es alle belebten und unbelebten Wesen, die ich wahrnehme. Jedes belebte Wesen erlebt es so. Und weil wir in unserer Bedingtheit die Aneinanderreihung von gegenwärtigen Augenblicken als Ausdehnung in Raum und Zeit wahrnehmen, bezeichnen wir es als Weg.

Worin sich der Weg eines lebenden Wesens vom Buddha-Weg unterscheidet, erklärt Dogen Zenji ab Abschnitt vier bis zu letzten Satz dieses Lehrgedichts.

(4) Doch obgleich dem so ist,
welken die Blumen, obwohl wir sie lieben, und
das Unkraut gedeiht, obwohl wir es nicht mögen. Sich den Zehntausend Dingen zuzuwenden, um Übung-Erleuchtung zu üben, ist Täuschung. Dass die Zehntausend Dinge durch
Übung-Erleuchtung das Selbst ausüben, ist Erwachen. Die von der Täuschung vollkommen erwachen, sind Buddhas. Diejenigen, die verwirrt
sind im Erwachen, sind lebende Wesen. Überdies gibt es solche, die noch aus dem Erwachen
heraus erwachen und solche, die sich inmitten
der Täuschung noch weiter täuschen.

In meiner Leseweise ist der vierte Abschnitt etwas Besonderes. In Absatz eins bis drei hat Dogen Zenji ein zu-
sammenhängendes Weltbild aufgezeigt. Die nächsten
Abschnitte bieten jeweils ein kohärentes Bild, in das wir
eintauchen können. Hier ist es, als ob er drei völlig unterschiedliche Dinge in einen Abschnitt packt.

Für mich baut Dogen Zenji in Abschnitt vier eine Brücke
und zwar die entscheidende. Diese Brücke wird mit dem
ersten Satz ausgedrückt. Ich möchte nun erklären, warum das für mich so ist und was er damit ausdrückt.

In Abschnitt eins bis drei benutz Dogen Zenji jeweils drei Dualitäts-Begriffe: Täuschung – Erwachen, Buddha – lebende Wesen und Leben (Geburt, Erscheinen) und Tod (Erlöschen). Den ganzen *Genjokoan* bleibt er bei diesen drei Paaren und beleuchtet sie aus verschiedenen Perspektiven. Er erklärt uns, was sie sind und wie wir ihre Dualität knacken können.

Doch obgleich dem so ist, welken die Blumen, obwohl wir sie lieben, und das Unkraut gedeiht, obwohl wir es nicht mögen.

In diesem Sinne betritt Dogen Zenji mit dem ersten Satz dieses Abschnitts die Brücke von einem generellen Weltbild hin zu dem, was das nun ganz bestimmt für unser persönliches Leben bedeutet. Er zeigt uns am einen Ufer auf, wie wir ans andere kommen können, um die große Erde als Gold zu erkennen[44]. Wenn wir durch das Betreten der Brücke das Wort *Blume* durch *Körper und Geist* ersetzen und das Wort *Unkraut* mit Vergänglichkeit und Tod, dann ist das ein Schock, aber diesen Schock braucht es, damit unser Glaube an ein festes Selbst erschüttert wird. Ohne dieses verfestigte Selbst radikal zu erschüttern, gibt es kein Erwachen. Der Satz liest sich dann folgendermaßen:

---

[44] Abschnitt 13

Doch obgleich dem so ist welkt unser Körper und Geist und Tod und Vergänglichkeit gedeiht, obwohl wir es nicht mögen.

Das ist eine Aussage, der wir unserer Lebzeiten aus dem Weg gehen, obwohl wir genau wissen, wir müssen über diese Brücke drüber, um am anderen Ufer anzukommen. Als Palliativpflegefachfrau kann ich Ihnen garantieren, dass der Tag kommt, wo wir uns unserer Sterblichkeit bewusst werden und ich würde mir wünschen, wir würden uns früher damit auseinandersetzen, als dass die tödliche Diagnose kommt.

Laut Umfragen sagen viele, es ist für sie wünschenswert, plötzlich zu sterben. Das ist erstens ein Verdacht, denn die Toten können es nicht mehr bestätigen und zweitens ist es nicht meine Erfahrung. Es scheint auch nicht so zu sein für die Patient*innen oder deren Angehörige, die Zeit hatten, das Leben zu rekapitulieren und abzuschließen Für Angehörige gibt es quasi nichts Schlimmeres, als wenn der geliebte Mensch einfach weg ist und es keine Chance für einen Abschied gab. Im TrauerCafé[45] sagen selbst die, die ihre Angehörigen durch Krebs oder als langjährige Pflegefälle betreut haben, dass das besser ist, als ein plötzlicher Tod. Auch sehen die Gesichter von 95 Prozent der Toten, die ich sehe, viel entspannter aus, als zu deren Lebenszeit.

---

[45] In unserem Bezirk ein monatliches Treffen von Menschen, die jemanden durch den Tod verloren haben.

Wegen allem, was hier auf der Erde gerade an politischen und klimatischen Ereignissen abgeht, sollten wir vielleicht mehr Angst vor dem Leben haben, als vor dem Tod. Meine Vermutung ist tatsächlich auch, dass das so ist. Aber anstatt über die Brücke der Erkenntnis zu gehen, betreten wir lieber ein Hamsterrad der Überlebensstrategien und strampeln uns Richtung Tod. Da wir durch die Geburt die tödliche Diagnose erhalten haben, warum fangen wir nicht früher an hinzuschauen?

Auch ich habe irgendwann gemerkt, dass ich in diesem Hamsterrad gefangen bin und ich hielt es nicht aus. Ich bin froh, dass ich Vorfahren bis zurück zum Buddha fand, die genau dasselbe Problem erkannten und einen anderen Weg eingeschlagen haben.

Unser bedingtes Menschenhirn wird einfach darauf geeicht, den Tod zu verleugnen. Das ist okay. Das, was unser Leben hervorgebracht hat, hat auch unsere Bedingtheit hervorgebracht. Das Leben wollte uns also so. Unser Problem ist wie mit vielem, wir übertreiben es. Um den Tod zu verleugnen, schaffen wir ihn uns aus den Augen. Prominentestes Beispiel: der Buddha.

Damit er nicht auf dumme Gedanken kommt und ein spiritueller Lehrer wird, hat sein Vater versucht, das aus seinem Leben zu eliminieren, was solch einen Werdegang womöglich begünstigt: den Anblick von Alter, Krankheit und Tod. Als er es dann erblickte, hatte er sofort die Erkenntnis, dass dies auch für ihn die Wahrheit ist. Das war für ihn ein maximaler Schock. Es führte dazu, dass er all seinen Wohlstand aufgab und durch Askese versuchte den Tod zu konfrontierten, um den Körper zu überwinden. Kurz bevor das passierte, hatte er dann aber doch die Einsicht, dass Sterben das Problem der Dualität nicht löst. Um die Dualität aufzulösen, braucht es also den Körper und den Geist.

Insofern ist Dogen Zenjis erster Satz im vierten Abschnitt ein Schock. Er sagt quasi: „Mach Dir keine Hoffnung, auch wenn Du Abschnitt eins bis drei völlig verstanden hast, wächst der Tod schon in Dir."

Was er aber auch sagt, ist: „Mach Dich auf den Weg, denn der Tod ist in Dir und Du weißt nicht, wie viel Zeit Dir bleibt, mit dieser wunderbaren Blume deines Körpers und Geistes dein Leben zu verwirklichen und die Dualität aufzulösen."

Das Problem ist nämlich nicht der Tod, sondern unsere einseitige und verwirrte Vorstellung davon. Im frühen Buddhismus wurde Nibanna auch das Todlose genannt. Das heißt ja aber nicht, dass die Menschen, die das erkannten, nicht starben. Was Dogen Zenji mit diesem Bild sagt, ist: „Wagt es, geht über diese Brücke!" Er will uns Mut machen, das zu akzeptieren, was ist und darüber hinauszugehen.

> *„Sich den Zehntausend Dingen zuzuwenden, um Übung-Erleuchtung zu üben, ist Täuschung. Dass die Zehntausend Dinge durch Übung-Erleuchtung das Selbst ausüben, ist Erwachen."*

Jetzt kommen die entscheidenden zwei Sätze, die für mich erleuchtet haben, worum es geht und was das

Problem meines Lebens ist. Erst sagt Dogen Zenji, wie ich die Welt am Ufer der Verleugnung sehe und was ich mit meiner Übung erreichen will, um dann zu sagen: das ist schon im Ansatz falsch.

Wenn wir mal ganz ehrlich sind, dann tun wir den lieben langen Tag nichts anderes, als irgendwas hinterherzulaufen, um glücklich zu werden. Das ist unser Hamsterrad. Wir denken, wir müssen es erreichen. Mehr noch, wir wollen das Glück erzwingen. Hier bin ich und da ist alles andere und ich muss „es" irgendwie rausfinden und „es" unter Kontrolle bringen, damit ich für immer glücklich bin und nicht mehr leide. Wie auch immer wir im Moment „es" definieren.

Der Antrieb kommt also aus mir heraus. Da schwingt sehr viel kulturelles Gut mit. Erstens haben wir es mit den Zehn Geboten in die Wiege bekommen und dann tut als nächstes der Kapitalismus das Seinige dazu. Das wir dann den spirituellen Weg genauso angehen, ist ganz normal. Da wir das Problem unseres Leidens so aber nicht lösen können, verstricken wir uns immer mehr und mehr in dieses Muster, ohne es zu merken.

Dieser Antrieb, etwas zu ändern oder zu üben kommt aus mir heraus. An der Basis dieses Triebs liegt die überzeugte Täuschung: „Da bin ich", „ich übe das" und so weiter. Weil das so ist, sagt Dogen Zenji im Abschnitt sieben: „Wenn jemand beginnt die Lehre zu suchen, entfernt er sich damit weit davon." Je mehr wir daran glauben, wir könnten etwas üben, damit das „wahre, reine, heilige Selbst" erscheint, desto mehr entfernen wir uns von dem, was täuschend ähnlich klingt, dem, eine *ursprüngliche Person* zu sein.

Was es nämlich zu entdecken gibt, ist dass es ein festes Selbst gar nicht gibt, aber durch die hundertachtzig Grad Wende unserer Ansicht, erkennen wir den Ursprung des Lebens, der sich durch unsere Bedingtheit Ausdruck verschafft. Auch unser Eindruck eines Selbst ist Teil dieser Lebenskraft. Deshalb sagt Dogen Zenji: „Dass die Zehntausend Dinge durch Übung-Erleuchtung das Selbst ausüben, ist Erwachen."

Dogen Zenji sagt, Übung-Erleuchtung und Erwachen sind dasselbe. Wenn wir Zazen sitzen, wirklich Zazen, dann ist der Trieb zu sein, nicht zu sein und Eindrücke zu sammeln nicht da. Denn dieser Trieb: ‚ich muss es aus mir heraus machen', ist die Ursache unseres Leidens. Dieser Trieb zielt auf nichts anderes ab als darauf, ein Selbst zu festigen, das es nicht gibt.

In der Lehrrede 38 der Mittleren Sammlung sagt der Buddha: „Hat da einer mit dem Auge eine Form wahrgenommen, mit dem Ohre einen Ton, mit der Nase einen Duft, mit der Zunge einen Saft, mit dem Körper einen Körpereindruck, mit dem Geiste ein Geistobjekt, so fasst er bei einem lieblichen Objekt Zuneigung, und bei einem unliebsamen Objekt fühlt er Abneigung."

Ganz deutlich wird da das Hineinlehnen und Wegstoßen aus der Perspektive eines „Ichs" deutlich. Mit Achtsamkeit kann man das sogar körperlich spüren. Ich sehe, ich höre, ich rieche, ich schmecke, ich spüre und ich denke und wenn mir das passt, lehne ich mich in dessen Richtung, und wenn es mir nicht passt, wende ich mich ab. Sobald wir erkannt haben, dass die Zehntausend Dinge, die wir sehen, hören, riechen, fühlen, tasten und denken können, völlig unabhängig von mir sind, dass sogar mein Glaube an ein festes Selbst unabhängig ist, stehen wir da und staunen.

Denn Fakt ist, wir haben keine Ahnung, was die Zehntausend Dinge sind. Alles, was uns als Mensch möglich ist zu erfahren, ist was wir mit popligen sechs Sinnen wahrnehmen können. Dazu sagt Dogen Zenji: „Für einen Fisch sieht er [der Ozean] aus wie ein Palast; für ein himmlisches Wesen wie eine Edelsteinkette. Für uns, soweit das Auge reicht, sieht er aus wie ein Kreis. Alle Zehntausend Dinge sind ebenso. Innerhalb dieser gewöhnlichen Welt und darüber hinaus reichen Klarsicht und Verstehen nur soweit, wie die Macht unserer durchdringenden Einsicht erlaubt. Wenn wir der Wirklichkeit der Zehntausend Dinge nachlauschen, müssen wir wissen, dass da unerschöpfliche Merkmale im Ozean und den Bergen liegen." Alles, was wir wahrnehmen, ist bedingtes Entstehen in der Form, wie wir es wahrnehmen, auch uns selbst. Deshalb können wir auch nie wahrnehmen, was jemand anders wahrnimmt. Niemals wird jemand das wahrnehmen, was ich wahrnehme. Wenn die großen Meister*innen über die Einheit allen Seins reden, ist das etwas ganz anderes, als Wahrnehmung.

Wenn wir nun also auf dem Hintern sitzen und mal nichts, aber auch gar nichts tun, dann passiert:

„Dass die Zehntausend Dinge durch Übung-Er-
leuchtung das Selbst ausüben, ist Erwachen. "

Da gibt es zwar niemand der erwacht, aber trotzdem ist es das Ende vom Leiden, wenn wir mal aufhören, im Hamsterrad um das Überleben eines eingebildeten „Ichs" zu strampeln. Streng genommen gibt es niemand, der erwacht ist, denn es gibt kein Selbst, auch nicht in einem Erwachten. Es gibt lediglich das Erwachen, das sich in der Bedingtheit eines Menschen Ausdruck verschafft. Und diese Erkenntnis ist unglaublich erleichternd für die Bedingtheit, die sich als „Ich" erfährt.

Da erscheint dann ein riesiges WOW. Die Zehntausend Dinge üben mich aus, ein einzigartiges, einmaliges, dynamisches Leben, das ich so erfahren darf. Ein Wunder sondergleichen. Dass wir ein Bewusstsein haben, dass das erkennen kann, ist doch eine tolle Bedingtheit.

Die von der Täuschung vollkommen erwachen, sind
Buddhas. Diejenigen, die verwirrt sind im Erwa-
chen, sind lebende Wesen. Überdies gibt es solche,
die noch aus dem Erwachen heraus erwachen und
solche, die sich inmitten der Täuschung noch wei-
ter täuschen.

Was Dogen Zenji in den nächsten Sätzen macht, ist die Auflösung des Dualitätspaares Täuschung versus Erwachen. Täuschung ist dementsprechend unser scheinbares Wissen, dass da ein Ich ist, welches das Leben lebt und stirbt. Ein Antrieb innerhalb des Menschen. Erwachen ist, wenn man erkennt, dass das nicht so ist und man genau wie alles, einfach eine dynamische Geschichte ist, die gleichzeitig bedingt und unbedingt ist. Alle menschlichen Wesen haben die Fähigkeit, das zu erkennen oder nicht zu erkennen. Wenn sie es nicht erkennen, bezeichnet Dogen Zenji sie als lebende Wesen, wenn sie es erkennen, als Buddhas.

Im letzten Satz sagt er, dass es solche gibt, die das erkannt haben und in ihrer Bedingtheit nochmals und nochmals genauer hinschauen und das ganze Potential ihres Menschseins ausschöpfen. Und es gibt solche, die es nicht erkennen und denken, wenn sie das Hamsterrad schneller zum Drehen bringen und alles Wollen befriedigen, dann sind sie glücklich.

So, um es noch etwas zu verkomplizieren: Dogen Zenji lässt auch diese Dualität nicht stehen. Was er mit jedem Wort zum Ausdruck bringt, ist dass alles, auch das Hamsterrad, aus einer Quelle entspringt, die jenseits der Dualität ist. All das ist erwachtes Leben jenseits unserer Vorstellung von erwachtem Leben oder was uns als solches erscheint. Wenn wir also nach diesem Abschnitt denken, totales Loslassen ist die Eintrittspforte zum Nirvana und ich muss jetzt mal schnell aus meinem Hamsterrad raus, dann haben wir es schon wieder angetrieben.

Das erwachte Leben ist absolut und restlos unabhängig von einem Selbst, auch wenn es das Selbst hervorbringt. Unabhängig ob jemand ein volltrotteliger, testosterongesteuerter Machtmensch ist oder eine asketische Nonne in den tibetischen Bergen, das Leben wollte beide und es wollte sie so wie sie sind, selbst wenn es die Bedingtheit beinhaltet, dass sie sich zerstören. Das Leben wird weitergehen, auch ohne uns Menschen. Wenn uns allerdings was an der Rasse Mensch liegt und an der Fähigkeit zu Erwachen, dann sollten wir vielleicht mal unsere Perspektive radikal auf den Prüfstein stellen und damit die Überzeugung „ich bin" sterben lassen, bevor dieser Körper und Geist an uns stirbt.

(5) Wenn die Buddhas wahrhaft Buddhas sind, haben sie nicht das Bewusstsein, Buddha zu sein; dennoch sie sind verwirklichte Buddhas und fahren fort, Buddha zu verwirklichen. Obwohl man Formen mit gesammeltem Körper und Geist aufs Innigste sieht und Töne mit gesammeltem Körper und Geist aufs Innigste hört, ist die Wahrnehmung nicht wie die Reflektion in einem Spiegel oder der Mond im Wasser. Ist eine Seite erleuchtet, ist die andere dunkel.

Auch in diesem Abschnitt sieht es zunächst so aus, als ob zwischen dem ersten und dem zweiten Satz eine Art Bruch ist. Mit dem ersten Satz knüpft Dogen Zenji an den vorherigen Abschnitt an, um nochmals klar und deutlich zu vertiefen, worum es dabei für das eigene, persönliche Leben geht.

Wenn die Buddhas wahrhaft Buddhas sind, haben sie nicht das Bewusstsein, Buddha zu sein; dennoch sie sind verwirklichte Buddhas und fahren fort, Buddha zu verwirklichen.

In Abschnitt vier stellt Dogen Zenji die These auf, Erwachen ist, wenn die Zehntausend Dinge durch Übung-Erleuchtung das Selbst ausüben. Diese These ist erst mal generell gehalten. Jetzt wird Dogen Zenji persönlich.

Buddha zu manifestieren ist die restlose Hingabe an das Leben. Diese Restlosigkeit beinhaltet kein festes Selbst und keine*n, die/der sich restlos hingibt. Diese Restlosigkeit zu er-kennen, ist nicht ein Wissen im Sinne von intellektuellem Wissen, aber eine Erkenntnis oder eine Verwirklichung.

Eigentlich mag ich die Übersetzung Verwirklichung lieber als Erkenntnis. Das tönt mir zu intellektuell. Abt Muho von Antaiji sagte mir mal, dass es im gesamten *Genjokoan* keine zwei Worte für Erleuchtung oder Verwirklichung gibt. Es ist immer *Satori*. Verwirklichung ist für mich deshalb so passend, weil etwas in meinem Leben zur Wirklichkeit geworden ist und wirkt. Zu verwirklichen, dass die Zehntausend Dinge das Selbst ausüben, ist daher das, was fortfährt Buddha zu verwirklichen. Das, was verwirklicht, ist aber wieder nichts Festes, sondern es ist die Hingabe an die Lebenskraft, die dieses bedingte Leben, inklusive der Ich-Empfindung, hervorbringt. Diese Lebenskraft wiederum ist die Quelle vor der Spaltung in Dualität.

Auch die Definition Dogen Zenjis in Buddhas und lebende Wesen birgt die Gefahr, dass wir das sofort in Entweder-oder aufteilen. Es geht ihm aber um die Ganzheit des Lebens und wie wir dafür erwachen können. Dazu erklärt er uns, wie wir das angehen können.

Als ich neulich mal wieder *Der Name der Rose* von Umberto Eco las, blieb mir vor allem eine Szene hängen. Bruder William und sein Gehilfe Adson haben gerade das Labyrinth der Bibliothek entdeckt, da verliert William seine Lesebrille und ist darüber sehr verzweifelt. Irgendein Satz von Adson erinnert ihn an die These eines Philosophen, dass man etwas Komplexes nie von innen heraus komplett durchschauen kann. Um ein Rätsel zu entschlüsseln, muss man von außen drauf schauen. Als er dann von Außen das Achteck des Turmes betrachtet, wozu er auch keine Brille braucht, versteht er in Kombination mit dem, was er innen gesehen hat, das ganze Bild.

Auch Dogen Zenji redet darüber. Er versucht uns den Zugang zu der Quelle der Lebenskraft zu zeigen, damit wir erkennen können, dass sowohl Buddha, wie auch Lebende Wesen eine Ausdrucksform davon sind. Die Lebenskraft selbst sagt nicht, es ist besser Buddha zu sein, als ein lebendes Wesen. Das geht gar nicht, denn sie sind dasselbe. Es macht nur einen gewaltigen Unterschied an Lebensqualität, ob man das erkannt hat oder nicht.

Zwar sind in diesem Sinne alle Wesen und alles Sein ein Ausdruck von Buddha, aber die Verwirklichung dieser Erkenntnis erwirkt im eigenen Sein die Hingabe an eine Lebenskraft, deren Daseinsmerkmale Veränderung und das Fehlen eines festen Selbst sind. Es nicht zu erkennen, ist ein Verharren im Samsara, dem Rad des Leidens. Es zu erkennen ist Nirvana, Freiheit. Der Buddha brachte es insofern auf den Nenner, als dass er sagte: „Das bin ich nicht, das gehört mir nicht, das ist nicht mein Selbst." Oder zu Mara, dem Herrn des Todes, der ihn verführen wollte: „Ich kenne Dich, Mara."

Obwohl man Formen mit gesammeltem Körper und Geist aufs Innigste sieht und Töne mit gesammeltem Körper und Geist aufs Innigste hört, ist die Wahrnehmung nicht wie die Reflektion in einem Spiegel oder der Mond im Wasser. Ist eine Seite erleuchtet, ist die andere dunkel.

Konsequenterweise müsste Dogen jetzt sagten: „Obwohl man mit gesammeltem Körper und Geist von Tönen gehört und Formen gesehen wird, ist die Wahrnehmung..." Er lässt es aber stehen, wie wir unser Leben meist wahrnehmen, nämlich als lebende Wesen, denen es so vorkommt, als ob der gesammelte Geist hört und sieht und dadurch eins wird mit dem Leben. Diesen gesammelten Geist kann man nicht erzeugen oder durch Übung erzwingen, aber man kann den Weg ebnen, damit der Geist aufhört zu glauben, er müsse die Kontrolle darüber bewahren, was über die Sinne das eingebildete Selbst formen kann und darf. Wenn wir diese Kontrolle loslassen, dann gibt es kein Subjekt mehr, das ein Objekt sieht oder hört. Dann gibt es grenzenloses Sehen, Hören, Riechen, Schmecken Tasten und, ja, auch Denken.

Wenn man restlos hingegeben ist, dann ist da zwar ein Bewusstsein, aber keine, die sich dessen bewusst ist. Man kann restlose Hingabe im Rückblick erinnern, aber dieses Erinnern ist nicht das Erlebnis der Hingabe, sondern ein Gedanke, den ein bedingtes Selbst denkt.

Unser Problem ist nicht das Erinnern, sondern, dass sofort eine geistige Kettenreaktion in Gang gesetzt wird. Zunächst ist da das körperliche und geistige Erinnern dieser Hingabe und das ist vermutlich mal angenehm (zumindest empfinde ich es so). Sofort schält mein Limbisches System im Gehirn auf: „Ich will das festhalten und mehr davon!" Jetzt werden ganze Gedankenkonstrukte in Gang gesetzt, wie ich die Kontrolle über das Leben bekomme, damit ich mich öfters restlos hingeben kann. Jedem dieser Gedanken glaube ich und solange ich sie glaube, verfestigt jeder einzelne von ihnen meinen Glauben an ein festes Selbst und macht genau das Gegenteil von dem, was ich eigentlich wollte. So dreht sich das Samsara-Rad oder wir sitzen wieder einmal im Hamsterrad und drehen durch, wie ich das zuvor beschrieben habe.

Es ist auch egal, ob es um Themen wie Erleuchtung geht, oder darum, welches Nachthemd ich heute Abend anziehe. Dieser Vorgang läuft immer ab. Ajahn Amaro hat das in einem Dharma-Vortrag mal sehr gut erklärt, als es um Zweifel ging. Er sagte, ein zweifelnder Gedanke ist einer der schwierigsten Hemmnisse zu durchschauen, weil er immer den Eindruck macht, als ob wir eine Lösung finden müssten oder mit einer Lücke weiterleben. Das wird natürlich als unangenehm empfunden, worauf wir damit reagieren, noch krampfhafter nach einer Lösung suchen, um dem Leiden zu entkommen. Wenn wir den Zweifel als eine Ausdrucksform von Gedanke erkennen können, können wir uns vor ihm verbeugen und sagen: „Thanks for sharing,[46]" und ihn weiterziehen lassen.

Jeden Sonntag, seit ich an diesem Kommentar schreibe, macht mein Geist dieses Spiel. Sie sind durch das Schreiben nun komplette Übungstage geworden, da ich mich unter der Woche um meine Patienten kümmere. Jeder Sonntag ist von dem Gedanken begleitet: „Du kannst unmöglich einen Kommentar zum *Genjokoan* schreiben, das ist einfach eine Nummer zu groß." Dieser Gedanke begleitet mich wiederkehrend beim Gehen, Sitzen, Kochen und Essen. Es ist eine pure Disziplin, ihm nicht zu glauben. Ich habe keine Ahnung, ob sich mal jemand für meinen Kommentar interessiert. Das ist auch gar nicht ausschlaggebend. Sobald ich hinsitze und schreibe, fließen die Worte aus mir raus im Vertrauen auf meine jahrelange Übung mit diesem Lehrstück. Solange das so ist, übe und schreibe ich weiter.

Das ist der Grund, warum wir im Zazen üben, nicht Gedanken zu erkennen, sondern sie sein zu lassen, wie sie sind[47]. Zazen ist nicht beschränkt auf Sitzen. Zazen bedeutet in jeder Lebenssituation fortzufahren Buddha zu verwirklichen. Das ist die Manifestation von *Genjokoan* als unser Leben. An dieser Stelle nochmals die Überset-

---

[46] Soviel wie: Danke fürs Teilen, mit einem Unterton von das war's dann aber auch.
[47] (Fukanzazengi aus: The Essence of Zen, 2008)

zung des Titels von Uchiyama: „Die gewöhnliche Tiefgründigkeit des gegenwärtigen Augenblicks, der zum gegenwärtigen Augenblick wird."

Wenn wir zurück zur Szene von Bruder William gehen,
dann ist es, als ob Dogen Zenji hier unserem Absolut-
heitsanspruch einen Trost ausspricht: „Hey, ihr könnt
nicht an zwei Orten im Turm sein, drinnen und draußen,
um ihn zu ergründen. Aber ihr habt ein Bewusstsein, das
es Euch ermöglicht, das ganze Bild zu erkennen und aus
dem Labyrinth herauszufinden."

Als ich *Dogens Genjokoan, Drei Kommentare* übersetzte,
hatte ich bei Nishiari Bokusans Kommentar zum achten
Abschnitt den Eindruck ich werde wahnsinnig, weil ich
zwanzig Seiten lang denselben Satz übersetze. Es ist ein
ewlg langer Abschnilt über den Dialog eines Tofus mit
seinem Tofu-Macher. Der Tofu stritt dauernd ab, Bohne
gewesen zu sein und daher noch bohnenhaft ist, weil er
sich daran nicht mehr erinnert. Er meinte, es wäre deshalb irrelevant für sein Leben. Der Tofu-Hersteller argu-
mentierte von der anderen Seite des Geschehens. Ich
versuchte krampfhaft den Unterschied in den Sätzen zu
erkennen und zu verstehen, was Nishiari Bokusan mir
sagen will. Und plötzlich war ich draußen. Ich schaute
von außen auf mein Leben und erkannte, dass ich genau
wie der Tofu krampfhaft darauf beharre, dass das einzige Leben, welches für mich existiert, das ist, welches
ich wahrnehme.

Als diese Grenze wegfiel, musste ich so lachen. Selbst bei
der Übersetzung war ich der rebellische Tofu, der sich

zwar alles anhört, aber nichts glaubt, bis es in meinem Leben Wirklichkeit wird. Ein Bestandteil von „Evi" ist halt Rebellin mit all ihren widerborstigen und humorvollen Seiten. Ich bin mir ziemlich sicher, wenn ich diesen Kommentar je fertig geschrieben habe, streckt sie dem sonntäglich wiederkehrenden Zweifel die Zunge raus.

Wenn Dogen sagt: „Ist eine Seite erleuchtet, ist die andere dunkel", meint er an Umberto Ecos Bild orientiert, dass wir entweder im Turm sitzen als lebendes Wesen, oder draußen als Buddha. Man sieht immer nur eine Perspektive. Aber:

Es kommt gar nicht darauf an, ob wir im Geisteszustand eines Lebenden Wesens sind oder einer Buddha. Wir sind immer ein Ausdruck der Quelle der Lebenskraft. Psychologisch würde man diese Erkenntnis wahrscheinlich als ein Leben aus dem Urvertrauen heraus oder ein Ruhen in dieser Lebenskraft bezeichnen.

(6) Den Buddha-Weg ergründen

heißt das Selbst ergründen. Das Selbst ergründen heißt das Selbst vergessen. Das Selbst vergessen heißt von den Zehntausend Dingen bestätigt zu werden. Von den Zehntausend Dingen bestätigt zu werden heißt Körper und Geist von sich und anderen fallen zu lassen. Es erscheint eine Spur des Erwachens, die nicht gefasst werden kann. Unendlich drücken wir diese unfassbare Spur des Erwachens aus.

Wie in der Einleitung erwähnt, ist für mich der *Genjokoan* die Manifestation von Indras Netz, welches das Indras Netz meines Lebens spiegelt. Es ist wie eine Symphonie. Man kann Teile einzeln spielen und sie sind schön. Spielt man aber die ganze Symphonie und lässt ein einziges Teil weg, ist ihre gesamte Harmonie gestört. In diesem Sinne kann man auch den *Genjokoan* lesen und mit ihm üben. Aber manifestieren kann man ihn nur mit dem eigenen Leben als Ganzes gerade hier und jetzt. Wie das geht, darüber beginnt Dogen Zenji nun zu reden.

Abschnitt sechs ist wohl der Teil des *Genjokoan*, den man meisten hört und zu dem die meisten Dharma-Vorträge gehalten werden. Wahrscheinlich weil er so schön logisch und chronologisch nachvollziehbar klingt und auch unserem Bedürfnis nach rationalem Verständnis Sorge trägt. Er gibt uns Hoffnung auf das, was passiert, wenn wir stetig üben und bereitet uns irgendwie darauf vor, was dann so passiert. Außerdem ist es auch noch ein Gradmesser dafür, wo wir jetzt gerade mit unserer Übung stehen – denken wir.

An dieser Stelle muss man sich aber daran erinnern, dass Dogen Zenji jedes Wort im *Genjokoan* auf der Basis der Nicht-Dualität spricht. Wenn man sich der vorherigen Abschnitte erinnert, sagt Dogen Zenji: „Sich den Zehntausend Dingen zuzuwenden, um Übung-Erleuchtung zu üben ist Täuscheng[48]." Aber er sagt auch: „Die von der Täuschung vollkommen erwachen, sind Buddhas." Das bedeutet hier, dass wir aus der Perspektive der Täuschung üben können und auch sollen. Solange wir wissen, dass es das ist, was wir tun, ist das keine Geschichte, die zu Leiden führt. Zum Leiden führen tut es, wenn wir glauben, dass das die Manifestation von Soheit ist, über die er später und im Fukanzazengi spricht.

Aber es ist ganz klar, wenn jemand nach 20 Jahren Meditationsübung und anderen wertvollen Übungen des *Buddha-Weges* kein anderer Mensch ist, mitfühlender und sorgender für andere, seine/ihre leidverursachen-

---

[48] Abschnitt 4 Satz 2

den Muster als solche erkennt und sich bemüht, sie unter Kontrolle zu halten, dann hat er oder sie 20 Jahre auf dem Kissen gepennt.

Das kann durchaus passieren, denn unsere unbewussten Muster, die versuchen, das uns Angenehme zu vermehren oder zu halten und das Unangenehmen abzuwehren und zu verhindern sind sehr stark. Das feste Selbst will nicht durchschaut werden, es will Nahrung, um seine Scheinsicherheiten zu wahren. Daher wird im Zen auch das ‚Große Durchhaltevermögen' als ein Pfeiler der Übung betrachtet[49].

Jetzt möchte ich aus gegenwärtigen religionspolitischen Gründen (Missbrauchsvorwürfe und Rechtspopulismus in Buddhistischen Organisationen) doch noch etwas vertieft auf die Schattenseite unserer Übung eingehen.

Was Suchende oft nicht erkennen, ist dass sie nicht neugierig nach der Spur des Erwachens suchen, sondern nach dem, was ihre Idee von Erwachen ist. In dieser Täuschung verharrt man unbewusst sehr lange Zeit. Wird jemand mit solchen Überzeugungen zur Lehrer*in, dann wird er/sie vermutlich durch Missbrauch an Schüler*innen die Idee zu verwirklichen versuchen.

Wenn man als Schüler*in andererseits eine spirituell erfahrene Lehrer*in hat, die das merkt, dann greift sie durchaus mal zu einer Tat, die diese Täuschung entlarvt, was für die Schüler*in oft hart ist und nicht unbedingt

---

[49] (Die Drei Pfeiler das Zen, 2010)

als Weisheits-Tat erkannt wird. Jetzt ist von der Schüler*in Hingabe gefragt. Vertrauen in die Lehrer*in, dass da etwas passiert, was ich noch nicht verstehe und lernen sollte. Auf dieser Basis wird die Lehrtätigkeit manchmal als verrückte Weisheit bezeichnet.

Definitiv gehört dazu nicht sexueller Missbrauch, Machtmissbrauch, Gewalt und Missbrauch von Spendengeldern für die persönliche Bereicherung. Andere Dinge aber, die auf dem Weg von einer Lehrer*in erfragt werden, sind nicht so einfach zu unterscheiden, ob das Erfragte aus Erleuchtung oder Verwirrung kommt.

Auch ich war mehrmals in missbräuchlichen Lehrer*innen-Beziehungen, in der sich unsere unbewussten verwirrten Muster verhakt hatten. Das war die eine Ebene der Beziehung. Auf der anderen erfuhr ich wirkliche Weisheit und ich habe viel von diesen Frauen gelernt, weil ich auch Dinge gemacht habe, die mein Ego wirklich nicht machen wollte, sie aber aus Liebe und Hingabe tat.

Schüler*innen -Lehrer*innen Beziehungen sind immer ein Mix von Verblendung und Weisheit, wie alles. Je enger man miteinander lebt und übt, desto mehr Muster kommen zum Vorschein. Ich habe in diesen Beziehungen auch viel gelitten. Man kann an den aufkommenden Mustern wachsen, wenn sie als solche erkannt und miteinander erarbeitet werden, oder alle Seiten können daran zerbrechen. Folgendes habe ich im Rückblick gelernt:

Der Buddha hat nie Gehorsam verlangt, immer nur Hingabe. Hingabe basiert auf Liebe und Vertrauen. Wenn ich Leiden empfinde, muss ein Dialog möglich sein, der von mir keine blinde Akzeptanz verlangt. Mehr aber als all das, habe ich gelernt, in der Beziehung zur Lehrer*in meinen klaren Menschenverstand zu gebrauchen, was sich gehört und was nicht. Ich schaue, ob sie ein authentisches, aufrichtiges Leben im Dharma leben, diesem dienen und regelmäßig üben. Denn das ist ihr Gelübde und ihre Aufgabe in der bedingten Rolle als Lehrerin. Teil dieses Dienens ist mir zu helfen, zu erwachen.

Wenn ich darin Vertrauen habe und ihr Leben und ihre Lehren Neugierde in mir erwecken, selbst zu wachsen, dann lasse ich mich auf die Beziehung ein. Wenn ich im Laufe der Beziehung erkenne, dass da Spannung ist und mir Taten und Worte unethisch erscheinen, suche ich das Gespräch. Wird darin auf Gehorsam und Unterwürfigkeit beharrt, ist der Hauch des Erwachens, den ich wahrgenommen hatte, ein Furz wert und ich gehe. Jede Beziehung kann und darf beendet werden, auch die zu einer Lehrer*in (andersrum ist das übrigens auch so, wenn die Lehrer*in mit der Beziehung nicht klar kommt).

Aber bei allen Missbrauch, der im Moment ans Tageslicht kommt, möchte ich betonen, dass die meisten Lehrer*innen wirklich ihren Schüler*innen zugewendet sind und ihnen helfen wollen zu erwachen. Trotz allem Leiden, welches ich in diesen Situationen erfahren habe, wäre ich nicht diejenige, die ich heute bin, ohne diese Lehrer*innen.

Ich glaube auch nicht daran, dass man ohne einen Spiegel im Außen erwachen kann. Unsere Muster sind viel zu stark – meine zumindest. Auch nach tiefen Einsichten braucht es Spiegel, auch Lehrer*innen brauchen sie. Solange wir keine vollerwachten Buddhas sind -und mir ist noch keine*r begegnet- sind wir den acht weltlichen Winden ausgeliefert. Diese sind das Verlangen nach Macht, gutem Ruf, Besitz und angenehmen Gefühlen und das Verhindern des Gegenteils. Diese Triebe sind stark und sie verursachen viel Leiden in uns und anderen. Ein*e in Mitgefühl geschulte*r Lehrer*in kann uns dies liebevoll oder auch mal radikal klar machen.

Meiner Meinung nach funktionieren bei uns im Westen die streng hierarchischen Guru oder Zen-Lehrer*innen Beziehungen nicht, die totale Hingabe fordern. Das klingt mir zu sehr nach Gehorsam und was das macht, haben wir in Deutschland von 1931 – 1945 gesehen. Darüber schreibt auch der Psychoanalytiker Arno Grün sehr eindrücklich. Ich bezweifle, dass sie in Südostasien funktionieren, denn auch da findet massiver Missbrauch statt.

Ich persönlich plädiere für eine Kalyanamitra Beziehung, wie im frühen Buddhismus. Kalyanamitra wird meist als Nobler Freund (i.d.R. männlich) übersetzt. Das sind langjährige Übende auf den Buddha-Weg, die mehr Erfahrung haben, als wir selber und die uns Vertrauen vermit-

teln, dass wir unsere Verletzlichkeit, unsere Unzuläng-
lichkeit, aber auch unsere Fragen und Einsichten zeigen
dürfen. Ein Mensch, zu dem wir gerne gehen, wenn wir
etwas nicht verstehen oder wenn wir leiden. Ein*e
gute*r Freund*in eben. Dazu gehört Dialog und eine Anerkennung der Würde eines jeden Menschen unabhängig von dessen Rolle in der Beziehung. In einer solchen
Beziehung erkenne ich die Spur des Erwachens, die nicht
gefasst werden kann.

Der Tibetische Lehrer Yongey Mingyur Rinpoche sagt
dazu: „Sie [die Übung] sollte unsere innere Weisheit we-
cken, unsere grundlegende Vernunft und den moralischen Kompass, über den wir alle verfügen (ob wir ihm
nun folgen oder nicht). Die grundlegendste Art und
Weise, den Erfolg unserer Übung einzuschätzen, ist also,
in welchem Maße wir uns den einfachen Idealen von
Güte, Bescheidenheit, Ehrlichkeit und Weisheit annä-
hern. Wenn wir – als Einzelpersonen oder als Gemeinschaft – feststellen, dass wir uns in die entgegengesetzte
Richtung bewegen, stimmt etwas nicht. Niemand von
uns wird sich in jeder Situation perfekt verhalten, aber
mit der Zeit sollte es eine klare Entwicklung hin zu grund-
legenden und allgemeingültigen menschlichen Werten
geben."[50]

Wenn Belehrung nicht mit dem ganzen Körper und Geist
gelebt wird, dann ist Verwirklichung nicht verwirklicht.

---

[50] (Behandle jeden wie den Buddha, 2017)

Es ist komplett legitim, die Lehrperson darauf aufmerksam zu machen und zu gehen. Titel und Dharma-Übertragung ist weder ein unfehlbares Qualitätssiegel, noch ein Freibrief.

So jetzt aber wieder zurück der Übung mit dem sechsten Abschnitt des *Genjokoan*.

Persönlich habe ich sehr viele, intensive Jahre mit dem ersten Satz verbracht in der Annahme, dass dieser Abschnitt chronologisch ist und aus der Perspektive, wie wir im Westen das Wort „ergründen" verstehen. Darauf möchte ich nachher mehr eingehen.

Wenn wir dem Abschnitt als Ganzes nehmen und versuchen den Abtrieb oder die Kraft des Lebens vor der Teilung in Leben und Tod zu nehmen, dann steht uns nämlich dieses „Wissen" von Zeit und ihrer chronologische Eigenschaft im Weg.

Um die Wirklichkeit jenseits von Dualität dieses Abschnitts erfassen zu können, können wir ja mal versuchen, unser Verständnis von Zeit herauszufordern. Es macht wirklich Spaß, diesen Abschnitt so zu lesen, als ob uns jeder Satz genau dasselbe aus einer anderen Perspektive sagt. Dann nämlich spielt Zeit keine Rolle. Genau das wäre die gewöhnliche Tiefgründigkeit des Augenblicks, über die Uchiyama Roshi redet. Die Gleichzeitigkeit und ihr Inhalt sind immer da und immer geschieht all das, was Dogen im sechsten Abschnitt beschreibt, egal, ob wir es merken, glauben oder nicht.

Wenn wir Abschnitt sechs ohne die Komponente unserer angenommenen Zeit lesen, dann merken wir langsam aber sicher ein Erstaunen über die Welt und uns.

Wenn wir erfahren, wie unfassbar und grenzenlos das Leben ist, dass es das Selbst und Andere nicht gibt, und wenn wir dieses Wunder mitgestalten wollen in der Bedingtheit, die wir leben, ist es dann nicht viel erstrebenswerter, das schönste Dharma zu manifestieren, das wir sein könnten, als unendlich die Grenzen unseres eingebildeten Selbst zu festigen?

„Innerhalb dieser gewöhnlichen Welt und darüber hinaus reichen Klarsicht und Verstehen nur soweit, wie die Macht unserer durchdringenden Einsicht erlaubt."

Frank de Waele Roshi hielt neulich einen Vortrag zu Buddhas Rat, sich selbst eine Leuchte zu sein, sprich Vertrauen in das Selbst zu haben. In der Frage/Antwort Runde fragte ich ihn dann: „Der Buddha habe auch das Nicht-Selbst gelehrt. Wie kann das Selbst dann Zuflucht in das Nicht-Selbst nehmen?" Frank Roshi antwortete, dass man sich das wirklich zutiefst fragen sollte, und dass es eine andere Perspektive ist. Genau darum geht es in diesem Abschnitt. Es geht darum, die Mauer zu durchbrechen, die uns im Gefängnis <u>einer</u> Perspektive hält und zu erkennen, dass das Selbst und das Leben unfassbar sind.

Durch stete Übung lässt unsere durchdringende Einsicht mit Klarsicht und Verstehen den gegenwärtigen Augenblick anders erscheinen. Je weiter wir in der Übung fortschreiten, desto mehr Perspektiven stehen uns zur Verfügung, unser Leben zu erkennen und desto mehr Freiheit haben wir, es zu verwirklichen. Daher braucht es sowohl das Üben mit geschickten Methoden [Upayas] und das Üben des einfachen Sitzens (Zazen).

Den Augenblick selber interessiert das alles herzlich wenig. Der ist, wie er ist. Wir sind es, deren Leben und Tiefe sich ändert, mit jeder Grenze die wir als gedankliches Konstrukt durchschauen und durchbrechen.

Das ist, was Dogen Zenji uns aus seiner unfassbaren Erkenntnis von Nicht-Dualität sagt. Gleichzeitig gibt er uns einen Kompass, wie wir zu der Tiefe unseres Lebens vordringen können und was es darin zu entdecken gibt. Fähig zu sein, Dualität und Nicht-Dualität in einem Abschnitt gleichzeitig auszudrücken, ist jenseits meiner Vorstellungskraft und ich danke 800 Jahre nach Dogens Leben immer noch dafür, dass er es aufgeschrieben und es erhalten wurde.

Jetzt möchte ich ein bisschen mehr über den Kompass reden, den wir erhalten haben und auf die einzelnen Sätze eingehen.

Den Buddha-Weg ergründen heißt das Selbst ergründen.

Das ist ein Satz, auf den wir im Westen besonders anspringen. Unsere Werte sind auf das Erforschen des Individuums ausgerichtet und mit diesem kulturellen Hintergrund lesen wir den ersten Satz. Das Wort „ergründen" liest sich seit der Entdeckung der Psychologie, der Psychotherapie und der Psychoanalyse als:

- Das Selbst erklären (persönlich und philosophisch)
- Das Selbst analysieren
- Das Selbst therapieren
- Das Selbst heilen

Aber wer soll für all das zuständig sein? Das Selbst.

Es ist uns allen irgendwie klar, dass das Auge sich nicht sehen kann, das Ohr sich nicht hören, die Zunge sich nicht schmecken und die Haut sich nicht selber spüren kann. Aber das Selbst soll das Selbst erkennen oder besser gesagt: das erdachte Selbst soll sich selbst durch Denken erkennen! Denn was jenseits eines Gedanken ist das Selbst, das ich zu erklären, therapieren, heilen oder analysieren versuche?

Mit dieser Frage können wir den gesamten ersten Satz nochmals lesen. Denn Dogen Zenji sagt hier nicht „Dein Selbst" sondern „das Selbst". Er benutzt das Wort „ergründen", sprich dem Selbst auf den Grund gehen. Er sagt: „Den *Buddha-Weg* ergründen heißt das Selbst ergründen."

Zur Erinnerung, den *Buddha-Weg* hat er in Abschnitt Drei folgendermaßen definiert: „Da der *Buddha-Weg* naturgemäß über den Zwiespalt von Überschuss und Mangel hinausgeht...". Wenn wir mit diesem Hintergrund das Selbst ergründen, gehen wir über Überschuss und Mangel hinaus, mit denen oft unsere Therapien das Selbst ergründen. Das unterscheidet Therapie grundlegend von der Übung des Buddha-Weges über den Dogen Zenji redet.

Dogen Zenji geht es hier um das Selbst des *Buddha-Weges*. Das ist ein Doppelsalto mit dreifacher Schraube für den rationalen Geist. Wir erinnern uns vielleicht in diesem Augenblick an den Teil des Titels, der Koan heißt: „das Ungleiche auszugleichen und den eigenen Platz einzunehmen". Wenn wir Zazen üben, manifestieren wir genau das. Wir gehen über den Zwiespalt hinaus und nehmen unseren Platz hundertprozentig ein, weil wir keinem Gedanken über ein vermeintliches Selbst folgen.

Das Gemeine ist aber, dass all diese Gedanken erscheinen, ob wir sie nun darum bitten oder nicht. Das ist gut so. Wenn wir sie nicht verfolgen und nähren, zeigen sie uns immer tiefer, wo wir sozusagen falsch liegen in unserer Idee, wer wir sind. Wir sind aber immer hundertprozentig was wir sind, auch wenn der Gedanke, wer wir sind, nie das gesamte Selbst erfassen kann.

Ich sage beileibe nicht, dass wir keine Therapie machen, keine Selbst-Analyse oder über das Selbst nachdenken sollen. Wir sollten es nur nicht als Zazen oder den *Buddha-Weg* bezeichnen, denn damit vertiefen wir unsere Täuschung. Denn im Zazen ergründen wir das Selbst dadurch, dass wir das Denken sein lassen, wie es ist, ohne dem Inhalt Nahrung zuzufügen.

Das Selbst ergründen heißt das Selbst vergessen.

Wenn wir unseren Geist konsequent disziplinieren und immer wieder zum Jetzt zurückkehren, dann wird, wie wir in Abschnitt sieben gelernt haben, „die Wahrheit offenbar, dass nichts ein festes Selbst besitzt."

Das ist ein rational nachvollziehbarer Prozess, aber wenn es eine verwirklichte Erfahrung ist, dann ist das ein einschneidendes Erlebnis. Diese Grenzüberschreitung der Ich-Identität kann eine ganze Bandbreite von emotionalen Reaktionen hervorrufen. Dogen Zenji sagt keinesfalls, dass das ein Glücksgefühl hervorruft. Auch kommt es sehr stark auf unsere ganz persönliche Konditionierung an, die wir zum Zeitpunkt der Einsicht haben. Dabei spielt es eine große Rolle, wie stark unser Selbstvertrauen ist und damit auch unser Vertrauen in das Leben als Ganzes. Ebenso kommt es darauf an, ob unsere Übung gefestigt ist und ob wir eine Person um uns haben, der wir vertrauen, dass sie weiß, was gerade mit uns passiert. Ohne dieses Grundvertrauen ins Leben und in die Beziehung zu uns selbst und einer/einem Lehrer*in, kann die Erfahrung auch durchaus traumatisierend sein.

Wie in Abschnitt zwei angetönt, war es für mich ein persönlicher Schock. Ich hatte ein Kindheitstrauma zu dem ich keinen Zugang hatte und welches mich mit einem sehr wackeligen Selbstvertrauen zurückgelassen hatte.

Ich war in meinem ersten Meditationsretreat und es war quasi ein Unfall, weil mich meine existentiellen Fragen wirklich zu dieser Erfahrung hingetrieben hatten und ich kannte meine Lehrerin erst seit drei Tagen. Von einem Augenblick zum nächsten brachen alle Gewissheiten weg und ich erkannte, dass die Welt, wie ich sie seit 29 Jahren gesehen hatte, eine völlige Illusion war.

Das war gut so, nur hatte sich noch keine Alternative aufgetan und ich hatte noch keine Zuflucht gefestigt. Als Folge schwebte ich in einer Art Grauzone. Weil ich mit der Erfahrung nicht umgehen konnte, musste ich mir meine alten Überlebensstrategien wieder aneignen, um nicht als Fußgängerin bei Rot von einem Auto überfahren zu werden. Und das meine ich buchstäblich. Um wieder „normal" zu werden, brauchte ich ein halbes Jahr. Auch lies es in mir eine Angst vor solchen zukünftigen Meditationserfahrungen zurück. Daher rate ich all jenen, die das Selbst mit dem *Buddha-Dharma* hinterfragen, sich einer Gemeinschaft und einer/einem Lehrer*in anzuschließen und Vertrauen zu investieren.

Kann man aber wiederum diese Erfahrung auf der Basis von Vertrauen machen, dann geht eine weitere Perspektive auf unser Leben auf. Oftmals sind diese Leerheitserfahrungen aber so einschneidend und überraschend, dass wir sie sofort wieder aus der Perspektive des erdachten Selbst analysieren oder einen Stolz darauf entwickeln und denken: „Wow, das ist Erleuchtung." Es gibt daher auch viele gute Lehrer*innen, die auf diese Gefahr hinweisen.

Das Selbst einen Augenblick lang zu vergessen ist nur die halbe Miete. Es heißt noch lange nicht, dass wir nun wissen, wer wir sind, was die Welt ohne uns ist und was wir hier machen. Es ist lediglich der Anfang einer langen Reise. Im Sandokai, einem Lehrstück des Zen-Meisters Sekito Kisen aus dem 8. Jahrhundert wird gesagt: „An Dingen zu haften ist grundsätzlich Täuschung, dem Absoluten zu begegnen ist noch keine Erleuchtung."

In meinem dritten Meditationsretreat, in dem meine Beziehung zu meiner damaligen Lehrerin Sylvia Wetzel schon gefestigter war, hatte ich tatsächlich nochmals so eine erschütternde Erfahrung und ich ging zitternd zu ihr, um zu sagen, dass ich leider das Meditieren aufhören müsste, weil es mich selbstmordgefährdet macht. Sie schickte mich zurück auf das Kissen mit der Aufforderung, genau hinzuschauen, ob da wirklich gar nichts mehr ist. Sie erzählte mir auch die ermutigende Geschichte, die Prabasadhamma Roshi ihr mitgeteilt hatte. Darin sagte diese, dass es sehr einfach ist, Schüler*innen dazu zu bringen, „Form ist Leere" zu erkennen. Danach bräuchte es halt 15-20 Jahre Übung, bis sie „Leere ist Form" erkennen. Das würden die Lehrer*innen aber vorher nicht sagen, sonst würde niemand überhaupt anfangen, zu meditieren. Ich brauchte fünfzehn lange Jahre, aber ich blieb dran.

Jeder dieser Abschnitte und Einsichten, die Dogen Zenji in Abschnitt sechs beschreibt, ist ein Erwachen zu einer neuen Form von Leben und Tod, eine neue Einsicht in Nicht-Dualität. Dieser erste Durchbruch, dass es das

Selbst, mit dem wir uns unser Leben lang identifizieren, nicht gibt, ist ein ziemlich radikaler. Viele Übende brauchen Jahre, bis es passiert. Ich vermute, es ist auch eine gesunde Überlebensstrategie, diese Erfahrung dann zuzulassen, wenn die Bedingungen so gut sind, dass wir begreifen, dass sie zwar das erdachte Selbst zerstört, aber nicht unser Leben[51]. Das Leben, welches die große Erde als Gold erkennt, wird nämlich damit erst geboren. So wie jedes Baby lernen muss zu atmen, essen, schlafen und gehen, so lernen wir das jetzt auf dem Buddha-Weg.

In diesem Sinne: Herzlichen Glückwunsch, auch wenn die Erfahrung im ersten Augenblick vielleicht erschütternd oder schmerzhaft ist.

Das Selbst vergessen heißt von den Zehntausend Dingen bestätigt zu werden.

Geht man den *Buddha-Weg* weiter, so geht die Perspektive auf, die Dogen Zenji schon im vierten Abschnitt beschrieben hat. Zur Erinnerung, dort sagt er: „Dass die Zehntausend Dinge durch Übung-Erleuchtung das Selbst ausüben, ist Erwachen." Die Übersetzung ist hier ein wenig trickreich. Wie erwähnt benutzt Dogen Zenji immer den Begriff „Satori", während im Englischen die Begriffe Erleuchtung, Erwachen und Verwirklichung wahlweise und nach Gusto der Übersetzer*innen gebraucht werden. Andererseits habe ich nun in diesem Satz das Wort mit Erwachen und Erleuchtung übersetzt, erstens weil es

---

[51] Siehe Abschnitt 9

sich sonst furchtbar anhört und zweitens, weil es differenziert erlebt wird. Im Durchbruch dieses dritten Satzes passiert etwas ganz Entscheidendes. Man erwacht buchstäblich wie aus einem Traum. Dieses Erwachen ist wirklich erhellend, eine volle Erleuchtung dessen, was Leben ist. Trotzdem hat es sich noch nicht als unser Leben in Gedanken, Worten und Taten manifestiert.

Dieser Durchbruch ist stabiler als jener im zweiten Satz. In meiner persönlichen Lebenserfahrung war und ist es ein kompletter Perspektivenwechsel. Ich lebe zwar nicht immer aus ihm heraus, aber ich kann mich an ihn erinnern und darin Zuflucht nehmen. Wenn ich diese Zuflucht hundertprozentig nehme, dann hört mich ein Ton und der Baum schaut mich an. Dadurch werde ich ein Selbst, nicht weil ich den Ton höre oder den Baum sehe. „Ich" bin, weil es Leben gibt. Ich bin Teil eines bedingten Seins und die Bedingungen lassen mich erscheinen und das Leben ganz individuell leben und erfahren.

Auch all unsere Zellen (die Form) und unsere Gendanken und Konzepte (formlose Formen) sind Teil diese Bedingtheit. Wenn das Erwachen zu dieser Wirklichkeit geschieht, heißt das nicht, dass nun alle unerleuchteten Bedingungen verschwinden. Wie in Abschnitt vier beschrieben, gibt es auch in diesem Leben Bedingtheiten, die sich in Angenehmes hineinlehnen und aus Unangenehmem herausziehen möchten. Jetzt ist als weiteres Leben in uns die Erfahrung erwacht, das erkennen zu können. Je nachdem, welche Bedingtheit sozusagen gerade das Rennen macht, erfahren wir das eine als unser Leben oder das andere. Aber aus der Sicht der Nicht-Dualität, aus der Dogen Zenji schreibt, spielt das keine so große Rolle. Es ist beides ein Ausdruck von Lebensantrieb oder Lebenskraft, manifestiert als das eine oder das andere. Im persönlichen Erleben dieser Lebenskraft ist es nur unglaublich tröstlich zu wissen, dass es nur _eine_ Perspektive ist, wenn wir leiden. Es ist nicht das ganze Bild.

Dieser Durchbruch verleugnet das Leiden nicht, denn wie der Buddha schon sagte, das gehört zur Erfahrung der Bedingtheit des menschlichen Lebens. Und gleichzeitig ist es okay, dass wir leiden, weil auch das ein Ausdruck der Einheit des Lebens ist. Man geht mit dem Leiden dann komplett anders um. Das ist dann Übung-Erleuchtung. Jeder Augenblick ist Übung im Bedingten hervorgebracht aus dem Unbedingten in einem möglichen Ausdruck. Indem wir uns auf unsere Hintern setzen (im Zazen) und diese Erkenntnis zulassen und sie verwirklichen, verwirklicht sie sich in und durch unser Leben. Und um das geht es in den nächsten Sätzen.

Von den Zehntausend Dingen bestätigt zu werden heißt Körper und Geist von sich und anderen fallen zu lassen.

Wenn wir nun erkannt haben, dass die Welt genau andersrum ist, wie wir uns das immer zusammengedacht haben –nämlich, dass das Leben uns bedingt lebt, wie wir uns erleben- dann könnten wir ja in dieser Erleuchtung schwelgen und damit zufrieden sein. Das funktioniert aber nicht. Die Bedingtheit hört mit der Einsicht ja nicht auf.

Laut der Legende hat auch der Buddha kurz darüber nachgedacht, es zu tun, bis Brahma in bat, aufzustehen und zu lehren. Die Bedingtheit des Buddhas war es, als Buddha zu leben und zu lehren. Dadurch, dass er aber alle Wesen aus dieser Erleuchtung des Nicht-Selbst heraus erkannte, erkannte er auch, dass nichts voneinander in irgendeiner Form abgetrennt ist. Selbst wenn wir es in der bedingten Ebene so wahrnehmen, ist es nicht so. Dadurch, dass der Buddha innerhalb seines Lebensfeldes alles als in dieser Art erleuchtet erkennen konnte, hat er alles darin befreit. Selbst ich, zweitausendfünfhundert Jahre nach seinem Tod, bin Teil seiner Bedingtheit und Erleuchtung, dadurch, dass mich seine Lehre erreichte.

Er hat erkannt, dass die eigene Form und Formlosigkeit (Körper und Geist) nicht abgetrennt ist von Körper und Geist dessen, was sein bedingtes Selbst erkannt hat. Er hat sozusagen meine Erleuchtung erkannt, lange bevor mein bedingtes Leben geboren wurde. Im *Denkoroku*, einer Sammlung von Erleuchtungsgeschichten vom Buddha bis zu den ersten japanischen Lehrern, wird das folgendermaßen ausgedrückt: „Ich und die große Erde und alle Wesen erreichen gleichzeitig den Weg."[52] Gleichzeitig ist jetzt, in diesem Augenblick. Es gibt keinen anderen.

---

[52] (The Record of Transmitting The Light, Zen Master Keizan's Denkoroku, 1991, S. 27)

Dogen Zenji drückt es folgendermaßen aus: „Von den Zehntausend Dingen bestätigt zu werden heißt Körper und Geist von sich und anderen fallen zu lassen."

In dieser Perspektive gibt es keine Trennung. Auch da wieder hat keiner dieser großen Meister gesagt, dass jetzt nur noch Friede-Freude-Eierkuchen angesagt ist. Zu sagen, es gibt kein Selbst und Andere, daher muss ich auch nichts mehr tun, als in dieser Perspektive zu verweilen, ist der Gestank der Leerheit. Und funktionieren tut es auch nicht. Es ist leeres Geschwätz eines oder einer Möchtegern-Erleuchteten, weil er/sie gerade zufällig eine Leerheitserfahrung gemacht hat.

Dass es Selbst und andere nicht gibt, rüttelt in unserem bedingten Sein auch am Verständnis von „guten" Werten. Wenn es Selbst und andere nicht gibt, wer übt dann noch Mitgefühl und Güte mit wem?

Spätestens an dieser Stelle ist es gut, wenn man sich daran erinnert, dass es sowas wie ein Gelübde gibt. Im Mahayana ist es ein klares Gelübde, diese Einsicht zu nutzen, sich dem Leben und dem Leiden zuzuwenden. Auch das ist bedingtes Sein aus der Quelle der unbedingten Lebenskraft. Das Bodhisattvagelübde, zum Wohle aller zu erwachen, ist in der jeweiligen Ebene der Erfahrung ein anderer Ausdruck. In der bedingten Ebene wendet es sich dem Leiden jener zu, die keinen Zugang zur ungeteilten Lebenskraft haben. In der ungeteilten Lebenskraft ruhend, ist das gesamte Sein Ausdruck dieser Kraft und damit ein Ausdruck des Gelübdes.

Daher hört Dogen Zenji hier auch nicht auf im sechsten Abschnitt. Er fährt fort:

Es erscheint eine Spur des Erwachens, die nicht gefasst werden kann.

Die Bedingung des Buddhas war es, aufzustehen und fünfundvierzig Jahre zu lehren, egal ob er gehört wurde oder nicht. Dogen Zenji schwor zu erwachen und anderen zum Erwachen zu helfen. Daran hat er sich erinnert, als er zurück in Japan war und hat sein restliches Leben Schüler*innen geholfen zu erwachen.

Die Spur des Erwachens drückt sich aber nicht nur durch die Rolle von Lehrenden aus. Nicht jede Person, die erwacht führt ein ordiniertes Leben und/oder wird Lehrer*in. Das eine hat mit dem anderen überhaupt gar nichts zu tun. Es gibt Ordinierte, die diese Einsicht nicht haben und Laien, die sie haben. Wir sollten mal alle etwas von dem runterkommen, was wir in Kittel und Titel reinprojizieren. Dann hätten wir ein gesünderes Miteinander der vier Kategorien von Sangha: weibliche und männliche Ordinierte und weibliche und männliche Laien. Von der Geschlechterfrage will ich noch nicht mal anfangen.

Die Spur des Erwachens, von der Dogen Zenji redet, drückt sich durch jede Person aus, die aus den genannten Einsichten heraus ihr Leben gestaltet. Dieses Gestalten ist nicht, was wir hier oft kulturell als Selbstverwirklichung bezeichnen. Im Gegenteil. Es ist eine vollkommene Hingabe an das Leben und an die Bedingtheit, die sich durch unser Leben Ausdruck verschafft. Da sich uns aber immer wieder unser kleines, zusammengedachtes Selbst in den Weg stellt, bedarf es der Übung und Manifestation der Tugenden, die einem verwirklichten und einem bedingten Möchtegern-Bodhisattva zugeschrieben werden: unfassbare Großzügigkeit, unfassbare Ethik (dazu gehört auch Bereuen), unfassbare Geduld, unfassbare Lebenskraft, unfassbare Meditation und unfassbare Weisheit.

Erleuchtung ist kein Geschenk, welches man einmal bekommt und dann für immer besitzt. Sie ist den Daseinsmerkmalen verschrieben, wie alles andere auch. Es gibt darin Leiden, Vergänglichkeit und kein Selbst. Aber wenn diese Perspektiven erschlossen sind, dann lebt die Bedingtheit dieses Menschen alle diese Perspektiven aus. Man ist dann keine Gefangene im Rad des Samsaras mehr.

Obwohl man nicht den Finger darauf legen kann, was genau einen solchen Menschen ausmacht, gibt es einen Hauch von Freiheit, der für jene erkennbar ist, die danach suchen. Dieser gelebte Hauch von Freiheit ist die unfassbare Spur des Erwachens von der Dogen Zenji hier redet. Auch sind sich Übende oft nicht bewusst, dass sie eine solche Spur hinterlassen, die von anderen erkannt werden kann. In Abschnitt vier lehrte uns Dogen Zenji schon: „Wenn die Buddhas wahrhaft Buddhas sind, haben sie nicht das Bewusstsein, Buddha zu sein; dennoch sie sind verwirklichte Buddhas und fahren fort, Buddha zu verwirklichen." Wenn man hundertprozentig diese

Verwirklichung lebt, gibt es keine Beobachter mehr, die das eigene Leben kommentieren und sagen: „Ich stelle fest, du hinterlässt gerade eine Spur des Erwachens." Man lebt ein-fach.

Wenn man aber als Suchende hinschaut, dann sieht man solche Spuren. Als ich neulich in Gent bei Frank Roshi ein Sesshin saß, sah ich seine völlig zerrissene Matte für seine Niederwerfungen und fragte, ob ich sie reparieren darf. Als ich näher hinschaute, sah ich auf dem weißen Teil seine Schweißspuren, die die Stirn hinterlassen hatte. Ich fragte, wie lange er schon darauf Niederwerfungen macht und er antwortete vierzehn Jahre. Vierzehn Jahre Hingabe-Übung hinterlassen eine Spur. Vielleicht haben Schüler*innen sie in einer einziger Niederwerfung erkannt. Vielleicht ging ihnen etwas auf, als sie die Schweißspur sahen. Voller Ehrfurcht habe ich die Matte so repariert, dass die Spur nicht verloren ging.

Uns ist nicht bewusst, wie sich unser Handeln, unser Geist und unsere Rede als Spur manifestieren, da sie nur dann eine Spur des Erwachens sind, wenn sie vollständig im Hier und Jetzt gelebt wurden. Hier und Jetzt sind aber eine dynamische Funktion, die sich nicht unbedingt als rationales Wissen manifestiert. Später sagt Dogen: „Wir sollten daher nicht glauben, dass das, was wir erreicht haben, von uns selbst wahrgenommen wird und unser unterscheidender Geist es nun weiß. Zwar ist die tiefste Verwirklichung sofort verkörpert, doch nimmt die innigste Natur des Seins nicht unbedingt die Form einer

Sichtweise an. Tatsächlich ist es so, dass eine Sichtweise nichts Festes ist.[53]"

Unendlich drücken wir diese unfassbare Spur des Erwachens aus.

Wenn wir eine Spur erzeugen wollen, dann ist es keine Spur des Erwachens mehr. Die Spur des Erwachens ist außerhalb unserer Kontrolle. Sie erscheint dadurch, dass wir den Buddha-Weg von ganzem Herzen beschreiten.

Das können wir nur Hier und Jetzt tun. Der Buddha-Weg unseres Lebens ist kein vorgefertigter Pfad. Er erscheint sozusagen hinter uns, dadurch, dass wir ihn gegangen sind. Wie sich unser Pfad gestaltet, ist sehr individuell und entspricht unseren Bedingungen. Wenn wir aber den Buddha-Weg der Lehren zu unserem Buddha-Lebensweg machen wollen, dann geschieht es dadurch, dass wir auf eine ganz tiefe, innere Weisheit vertrauen und dafür einstehen.

Mit Roshi Egyoku machten wir mal einen Workshop zu den Vier Bodhisattva-Gelübden und sie sprach davon, dass jede*r ein Gelübde in sich trägt, dass er oder sie auszuleben anstrebt, wenn die Ego- Muster nicht mehr das Leben im Griff haben. Das sprach sehr tief zu mir.

Als ich noch auf der Intensivstation arbeitete, hatte ich mal ein tiefes Erlebnis, in dem mir klar wurde, dass mein

---

[53] Abschnitt 12

Leben dazu da ist, den Sterbenden beizustehen und etwas für die Würde des Sterbens in unserer Gesellschaft zu tun. Auch als ich 10 000 km weit weg in einem buddhistischen Tempel als Vollzeitordinierte lebte und wirkte, ließ mich das nicht los. Ich wusste, dass es nur ein Zwischenstopp war, um zu lernen, diesem Gelübde besser dienen zu können. Dieses Gelübde entfaltet sich immer weiter und tiefer oder anders gesagt, ich verstehe seine Weite und Tiefe immer mit einem größeren Klarblick. Während es am Anfang noch um den Akt des Sterbens ging, geht es jetzt um die Nicht-Dualität von Leben und Tod. Das beinhaltet den ersten Schritt auf dem Weg, hörte aber da nicht auf. „Wenn das Bedürfnis des Fisches oder des Vogels groß ist, ist ihr Bereich groß.[54]"

Das wiederum ist die chronologisch, zumindest im Rückblick erkennbare Spur. Dogen aber redet noch über etwas ganz anderes, viel Größeres.

Wenn wir ein Stück Brot essen, ab wann sind wir das Brot? Teile dieses Brotes werden schlicht zu Scheiße und gehen das Klo runter –meine Scheiße. Andere werden vielleicht ein Baustein in einer Gehirnzelle, einem roten Blutkörperchen, eines Knochen –meines Körpers. Ab wann bin ich das Brot, ab wann bin ich es nicht mehr? Wenn ich auf den Spülknopf der Toilette drücke? Wenn ich den letzten Atemzug getan habe? Wenn ich verwest

---

[54] Abschnitt 11

oder verbrannt bin? Bin ich dann Rauch? Baum? Unkraut in den Augen anderer?

Es ist völlig egal, ob wir uns dieser Spur bewusst sind oder nicht, wir können uns ihr nicht mal entziehen, wenn wir wollten. Seit dem Big Bang nichts als Recycling. Davor hat unser kleines Selbst Angst, anstatt dass es ab seinem Sein staunt. Denn das kann nur ein Selbst, welches sich seiner nicht-Abgetrenntheit bewusst ist. Das ist *die gewöhnliche Tiefgründigkeit des gegenwärtigen Augenblicks, der zum gegenwärtigen Augenblick wird*, wie Uchiyama Roshi *Genjokoan* übersetzt. Das ist sie Manifestation von *Genjokoan*.

Diese Lebenskraft, die sich vom größten Planeten zum kleinsten Teilchen ausdrückt, ist die Spur des Erwachens, die nicht gefasst werden kann. Egal wie weit wir uns an ihre Grenzen herandenken, sie lässt uns immer erkennen, dass das nicht das Ende ist, weder in Raum, noch in Zeit. Endlos drücken wir diese Spur des Erwachens aus.

Wenn aus dieser Erkenntnis keine Bescheidenheit des kleinen Selbst erwacht, wann dann? Wie schön und buchstäblich wunderbar ist diese Bescheidenheit des Erwachens.

(7) Wenn jemand beginnt die Lehre zu suchen, entfernt er sich damit weit davon. Wenn die wahre Lehre korrekt in einem übertragen ist, dann ist jemand unmittelbar eine ursprüngliche Person. Wenn eine Person in einem Boot fährt und das Ufer betrachtet, mag sie fälschlicherweise annehmen, das Ufer bewege sich. Wenn sie direkt das Boot im Vergleich zur Wasseroberfläche betrachtet, bemerkt sie, dass es das Boot ist, welches sich bewegt. Ebenso mögen wir, wenn wir Körper und Geist in einer verwirrten Weise betrachten und alle Dinge mit einem unterscheidenden Geist ergründen, fälschlicherweise annehmen, die Natur des Geistes sei beständig. Doch wenn wir aufs Innigste üben und immer wieder zum Jetzt zurückkehren, wird die Wahrheit offenbar, dass nichts ein festes Selbst besitzt.

Wenn Dogen Zenji in einem solchen Abschnitt ein Bild beschreibt, dann versuche ich oft, mir das Bild vorzustellen oder es in konkreten Situationen zu suchen. Dieses Jahr hatte ich mir für den Sommer ein Paddleboard gekauft und bin damit oft auf einen See in meiner Wahlheimat Schweiz rausgefahren.

Wenn ich rauspaddle und auf das Board liege, um das Ufer zu betrachten, ist es fast unmöglich zu erkennen, dass sich das Ufer nicht bewegt, sondern ich. Unser Gehirn lässt das irgendwie nicht zu. Dogen Zenji saß ja lange genug in Quarantäne auf dem Boot in China und hatte somit Zeit, es zu ergründen. Unser Gehirn bekommt von unserem Auge biochemische Reize und produziert dann Bilder und Gedanken, die wir als Bewusstsein erfahren. Es erscheint unserem Bewusstsein so, als ob das Ufer sich bewegt. Volle Täuschung. Diese Täuschung brauchten wir aber zum Überleben, zumindest in der Bedingtheit als Mensch. Ohne Überleben auch kein Erwachen, also braucht es auch die Täuschung in unserer Bedingtheit. Mit diesem Bild zeigt uns Dogen Zenji auf, wie unsere Täuschung und unser Erwachen zusammenhängen.

Wenn jemand beginnt die Lehre zu suchen, entfernt er sich damit weit davon.

Wenn wir am Anfang unseres Übungsweges auf die Lehre treffen, dann ist es bildlich gesprochen, als ob wir auf den See rauspaddeln, weil wir ein Ziel haben. Selbst wenn es das Ziel ist, dass wir da draußen unsere Ruhe haben, ist das ein Ziel. Vermutlich ist das sogar für viele von uns das Ziel, wenn wir anfangen zu meditieren. Wir wollen unsere Ruhe haben vor dem Leiden in Form von unserer Familiengeschichte, unseren Vorgesetzten, unseren unsteten Gedanken, unserer Lust nach Sex, Drogen und was-weiß-ich.

Um zu verdeutlichen, was Dogen Zenji mit „am Anfang" meint, möchte ich die Belehrung des Ochsenjungen zu Hilfe nehmen, mit der oft unsere Suche nach dem Erwachen illustriert wird. Sie stammt ursprünglich aus dem 12. Jahrhundert. Tomikichiro Tokuriki (1902 – 1999) schnitzte die zehn Ochsenbilder in Holz. Dabei stehen der kleine Ochsenjunge für das suchende Selbst und der Ochse für die Weisheit. Es gibt mindestens fünf solcher Bilderabfolgen, ich mag die von Tomikichiro Tokuriki sehr gerne. Die Unterschriften wurden von Nyogen Senzaki und Paul Reps ins Englische übersetzt (und davon von mir ins Deutsche). Insgesamt sind es zehn Bilder. „Wenn jemand beginnt die Lehre zu suchen...", dann ist meist unsere Idee davon bis Bild sechs abgebildet. Das Schöne an dieser Illustration ist, dass wir es wirklich so erleben und uns damit identifizieren können. Das wiederum gibt uns auch Vertrauen, dass wir auf dem richtigen Pfad sind.

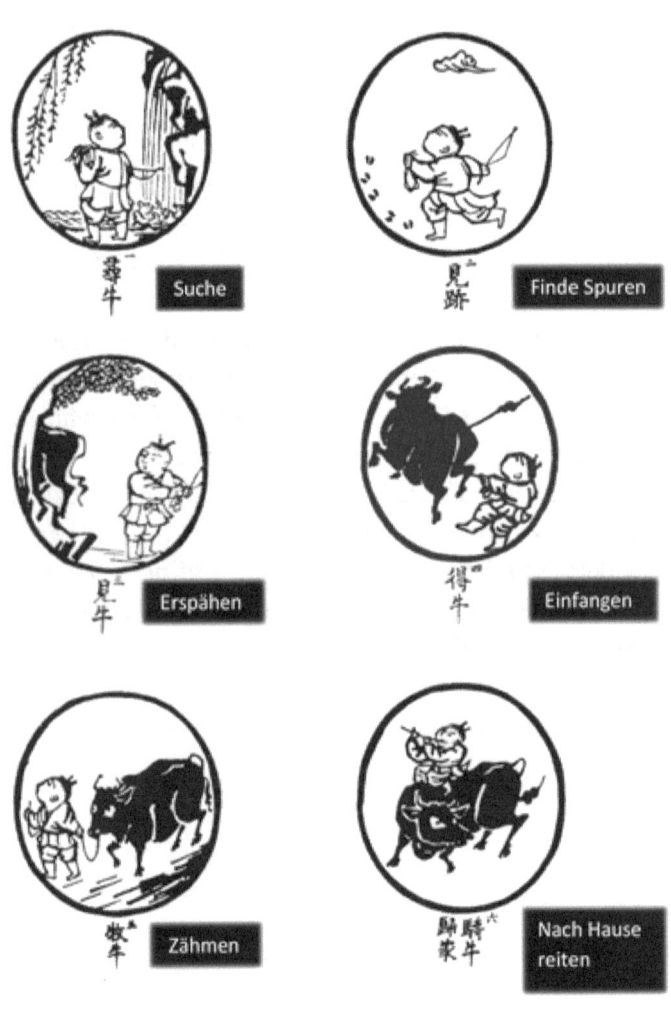

So ist das mit unserer Idee des Buddha-Weges, wenn wir anfangen die Weisheit zu suchen. Man geht das am besten mit ein wenig Humor an und lacht darüber, weil wir so gestrickt sind, dass wir die Weisheit einfangen wollen und sie unter Kontrolle bringen. Jetzt ist das gar nicht so abwegig. Schließlich zeigen diese Bilder verschiedenster Künstler ja den Werdegang der spirituellen Reifung auf.

Es gibt darin zwei kleine Dinge zu bedenken: Erstens suchen wir nicht Weisheit, sondern unsere Idee davon, die wir dann meist auf etwas oder jemanden im Außen projizieren. Und zweitens hört die Serie nicht bei Bild sechs auf, sondern bei Bild zehn.

Wenn wir beginnen, die Lehre zu suchen, dann suchen wir nach Weisheit, wir erhaschen eine Spur. Diese Spur der Weisheit gibt es, wie schon in Abschnitt sechs von Dogen selbst beschrieben. Wir können diese Spur meist in Menschen oder in Dingen erkennen. Heutzutage, wo wir im Westen individualistischer sind und leichten Zugang zu Büchern haben, erkennen wir diese Weisheit auch oft in Büchern. Oder wir sehen sie in Lehrer*innen.

Das Problem ist, dass wir jetzt unbewusst davon ausgehen, dass der Autor oder die Lehrer*in die Manifestation von Weisheit ist und ich ein armes, dummes Würstchen. Ich bin vielleicht ein intelligentes Würstchen, mit einem sehr ausgebildeten, unterscheidenden Geist, aber ich bin nicht weise. Oder wir denken, ich bin zwar nicht weise, aber ich sehe gut aus. Oder ich habe viel Ansehen oder viel Besitz. Je nachdem, wie wir halt konditioniert sind. Das Gefährlichste und am schwierigsten zu durchbrechen ist meiner Erfahrung nach aber die Überzeugung, ich bin schlau oder gewitzt.

Wir alle wollen Anerkennung und das Gefühl von Zugehörigkeit. Also nützen wir das, was wir gelernt oder als Besitz angehäuft haben, um dieses Ziel der Anerkennung zu bekommen. Schließlich wollen wir den Ochsen spielend heimreiten. Am Ende schreiben wir Bücher und Kommentare –so wie ich jetzt gerade-, damit andere erkennen, was für eine tolle Übende ich bin. Oder wir gehen mit unserer Übung zum Zweiergespräch mit der Lehrer*in mit dem unbewussten Ziel, sie/ihn davon zu überzeugen, dass ich weise bin.

Hinter Büchern kann man so Jahre verschwenden, denn sie geben kein Feedback und durchschauen den Trick nicht. In einer tiefgründigen Beziehung zu einer Lehrer*in klappt das nicht. Es gibt unzählige Koans, in denen Lehrer*innen Manjushris Schwert durchgezogen haben, wenn Schüler*innen sich bemühten schlau zu sein. Manjushris Schwert steht für das Zerschneiden der dualen Ansichten. Auch Kapitel 13 des *Genjokoan* erzählt so eine Geschichte. Wir wissen nicht, ob der Schüler schlau sein wollte oder eine herzenstiefe Frage stellte. Wir wissen auch nicht, was die Antwort mit ihm machte. Aber wenn wir hinschauen, erkennen wir in Meister Baoches Antwort eine Spur des Erwachens. Es kommt auch nicht so sehr darauf an, mit welcher Motivation der Schüler die Frage in Kapitel 13 stellte. Selbst wenn er sie stellte, weil er gefallen wollte, also aus völliger Täuschung heraus, war er den Weg bis dahin gegangen und hatte die Chance den Ochsen zu sehen (um wieder auf die Bilderfolge zurückzukommen).

Es ist völlig egal, mit welcher Motivation wir beginnen zu üben. Selbst wenn wir unseren sexuellen Missbrauch in der Kindheit heilen wollen, über unsere Scheidung wegkommen oder uns fragen, was das mit dem Tod im Leben auf sich hat, ist das ein Anfang. Wir haben nämlich erkannt und anerkannt, dass wir leiden und die Motivation gefasst, nach einer Lösung zu suchen. Selbst wenn unser Ziel ist, dass wir dieses Leiden loswerden wollen – und das ist unser Ziel, sonst würden wir nicht suchen- ist das zwar Täuschung, aber wenn wir dranbleiben, werden wir davon erwachen. „Die von der Täuschung erwachen sind Buddhas...[55]" Wenn wir wirklich hingegeben dranbleiben, dann erkennen wir, dass wir uns ein verblendetes Ziel gesteckt haben. Das ist ein wichtiges Erwachen auf dem Buddha-Weg.

Als ich der ersten Spur des Buddha-Weges begegnete und die Erste Edle Wahrheit des Buddhas las, die damals noch häufig mit: „Leben ist Leiden" übersetzt wurde, dachte ich: „endlich sagt's mal einer." Und als er in der Dritten Edlen Wahrheit sagte, es gäbe ein Ende vom Leiden, da bin ich losgelaufen. Ich wollte mein Leiden loswerden und zwar mit aller Gewalt. Es war mir egal, was meine Familie, Freund*innen oder Arbeitskolleg*innen dachten oder sagten, ich ging weiter. Ich habe quasi alle Freund*innen der damaligen Zeit verloren, habe mich von meinem Mann getrennt und bin nach Amerika aus-

---

[55] Abschnitt 4

gewandert. Immer mit dem Ziel, das Leiden loszuwerden. Und so sehr das eine verblendete Idee war, Dogen Zenji sagt im *Fukanzazengi* auch: „Daher sollte nicht unterschieden werden, ob jemand dumm oder klug, ausgezeichnet oder minderwertig ist. Wenn ihr zielstrebig übt, ist das wahrhaftig die Übung des Weges. Übung und Verwirklichung sind von Natur aus unbeschmutzt. Sich zu bemühen den Weg zu erlangen, ist die Verkörperung des Weges in unserem alltäglichen Dasein."[56]

Ja, so peinlich das ist einzugestehen, ich wollte auch erwachen, weil ich von meiner Lehrerin die Daseinsberechtigung haben wollte, die ich von meiner Mutter nicht bekommen hatte. Selbst als ich mit meinem unterscheidenden Geist erkannte, dass ich das will, wollte ich es immer noch, nur subtiler. Ich hatte mich lange und weit von der Grenze des Dharma wegbewegt, bis mir von einem Augenblick zum anderen klar wurde, wo ich stehe. Aber ich hatte auch geübt und in diesem Augenblick der Erkenntnis, hatte ich den Ochsen zumindest gezähmt. Fürs friedliche Heimreiten brauchte ich noch eine Weile. Außerdem purzle ich immer noch runter - aber macht ja nichts, man kann ja wieder aufsteigen.

Wenn die wahre Lehre korrekt in einem übertragen ist, dann ist jemand unmittelbar eine ursprüngliche Person.

---

[56] (Fukanzazengi aus: The Essence of Zen, 2008)

Um über diesen Satz zur reden, möchte ich auf Shohaku Okumura zurückgreifen, der den Begriff „Ursprüngliche Person" mit den japanischen Schriftzeichen erklärt[57]. Die Übersetzung kommt von dem Begriff *Honbun Nin*. *Hon* bedeutet *ursprünglich, wahr, aus der Quelle"*. *Bun* bedeutet *ein Teil sein*. *Nin* ist *Person*.

Wie in den vorherigen Abschnitten erläutert, ist die wahre Lehre dann in einem korrekt übertragen, wenn die Täuschungen aufgedeckt sind. Wenn sie aufgedeckt sind, dann erkennt sich jemand als eine Person, die Teil der Quelle der Lebenskraft jenseits von Dualität ist. Wichtiger als das bloße Erkennen ist dessen Manifestation durch das eigene Leben.

Ein heutiger Wertebegriff im Westen ist, authentisch zu sein. Darum geht es aber nicht im Begriff *ursprüngliche Person*. In Wikipedia wird persönliche Authentizität folgendermaßen beschreiben: „Angewendet auf Personen bedeutet Authentizität, sich gemäß seinem wahren Selbst, d.h. seinen Werten, Gedanken, Emotionen, Überzeugungen und Bedürfnissen auszudrücken und dementsprechend zu handeln, und sich nicht durch äußere Einflüsse bestimmen zu lassen (Harter, 2002).[58]" Es gibt in der nicht-dualen Wirklichkeit weder ein Selbst noch äußere Einflüsse, die sich nicht gegenseitig bedingen.

---

[57] (Realizing Genjokoan, 2010, S. 99)
[58] (Wikipedia, Authentizität, 2017)

Es liegt in diesem Begriff *ursprüngliche Person* auch wieder die Falle für den Irrglauben, dass es da ein Selbst abgetrennt von äußeren Faktoren gibt. Die *ursprüngliche Person* von dem Dogen Zenji hier spricht, ist die Manifestation von *Genjokoan*. Für mich persönlich trifft der Begriff *integer* eher, was andeutungsweise damit gemeint ist. In Wikipedia heißt es dazu: „Ein integrer Mensch lebt in dem Bewusstsein, dass sich seine persönlichen Überzeugungen, Maßstäbe und Wertvorstellungen in seinem Verhalten ausdrücken. *Persönliche Integrität* ist als *Treue zu sich selbst* gekennzeichnet worden[59]." Es geht allerdings weit über eine Überzeugung hinaus, man manifestiert sie im Hier und Jetzt.

Denn für die *ursprüngliche Person* gibt es „einen Ort und einen Weg[60]" oder wie es in der Silbe *An* in *Genjokoan* heißt: „Den eigenen Standpunkt einnehmen." Jede Person ist ein Teil und Ausdruck der Lebensquelle in einer bestimmten Form mit einem bestimmten Wesen.

> *Wenn eine Person in einem Boot fährt und das Ufer betrachtet, mag sie fälschlicherweise annehmen, das Ufer bewege sich. Wenn sie direkt das Boot im Vergleich zur Wasseroberfläche betrachtet, bemerkt sie, dass es das Boot ist, welches sich bewegt.*

---

[59] (Wikipedia, Integrität , 2017)
[60] Abschnitt 12

Dieses Bild beschreibt was geschehen muss, damit man zu solche einer ursprünglichen Person wird. Solange wir denken, alle Zehntausend Dinge bewegen sich um uns als Zentrum herum und wir sitzen in einem Bewusstsein da und erkennen das, haben wir weit gefehlt. Nur wenn wir immer wieder zu diesem vermeintlichen Zentrum zurückkehren, erkennen wir, dass wir uns täuschen. Wenn wir dann noch genauer hinschauen, erklärt sich der feine Unterschied zwischen Zen Meister Baoches und Dogen Zenjis Belehrung im Abschnitt 13. Denn nicht nur das Boot bewegt sich, alles bewegt sich. Innerhalb dieser Lebenskraft gibt es keinen Punkt, der nicht in Beziehung steht und sich nicht bewegt. Ein Punkt hat wie ein Augenblick keine Ausdehnung. Erst die bedingte Aneinanderreihung von Punkten ergibt einen Weg, die bedingte Aneinanderreihung von Augenblicken ergibt Zeit. Der Weg und die Zeit, die wir hier als Mensch verbringen, ergibt unser Leben. Dies ist nicht nur für alles was wir wahrnehmen können wahr, sondern auch für alles, was in unseren Körpern und Geistern passiert.

An dieser Stelle möchte ich dann auch noch die letzten vier Bilder des Ochsenjungen-Zyklusses einfügen.

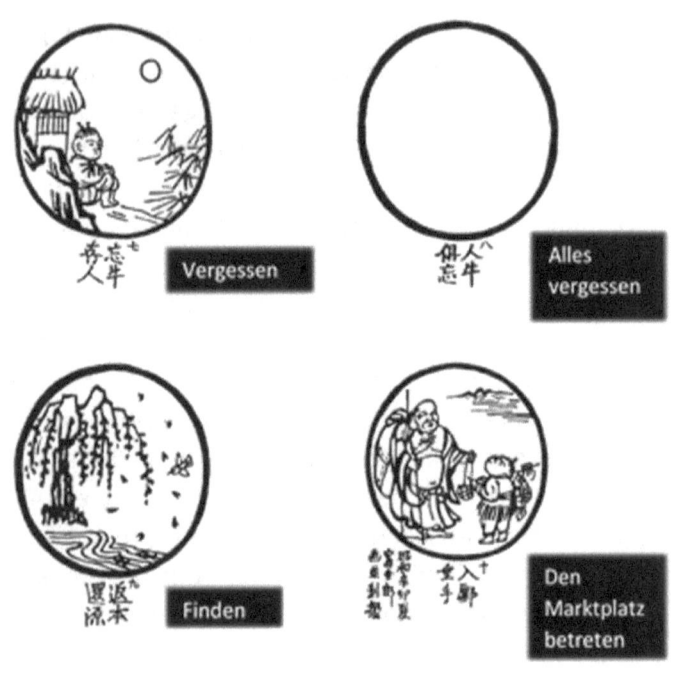

Wenn man nun erkannt hat, dass man selbst sich bewegt und sich alles immerzu bewegt, dann kann es darin kein Selbst geben. Der Ochsenjunge vergisst seine ganzen Ideen über den Ochsen, und dass es sein Ziel ist, den friedlich nach Hause zu reiten. Er vergisst dann auch seine Idee von sich selbst, weil es das in Wirklichkeit gar nie gab.

Bernie Glassman Roshi sagte mal bei einem Vortrag, je länger er den Buddha-Weg gehe, desto vergesslicher werde er. Ich verstand sofort, dass er das nicht in einem dementiellen Sinne meinte, sondern dass alles, was er mal dachte, ‚das ist so‘, wird irgendwie von der Festplatte seines Gedächtnisses gelöscht. Ideen bleiben eh nur dadurch in unserem Geist erhalten, wenn wir sie mit weiteren Ideen füttern. Wenn man den unterscheidenden Geist nicht mit neuer Nahrung füttert und versucht, sein Wissen mit Theorien zu belegen, dann vergisst man und es bleibt eine große Leere, die von Weisheit und dem Leben gefüllt werden kann.

Es geht aber noch weiter mit Bild neun und zehn. Diese ursprüngliche Hoffnung, man reitet den Ochsen gemütlich nach Hause und macht sich da ein schönes Leben, geht damit leider auch den Bach runter. Aber das macht nichts, denn hier macht die Bedingtheit, die wir leben, keine Angst mehr. Im Gegenteil, sie wird zum interessanten Forschungsfeld unseres Lebens und in jedem Augenblick gilt es, unsere Position im bedingten Leben als Ganzes zu finden. Wir er-finden uns nicht jeden Augenblick neu, wir finden uns.

Das ist der Marktplatz, in dem sich alles manifestiert, ob es uns passt oder nicht. Da gibt es Terroranschläge und Klimawandel, Nächstenliebe und Feminismus, queere Menschen und verschiedene Hautfarben. Viel Spaß beim Leben.

Ebenso mögen wir, wenn wir Körper und Geist in einer verwirrten Weise betrachten und alle Dinge mit einem unterscheidenden Geist ergründen, fälschlicherweise annehmen, die Natur des Geistes sei beständig. Doch wenn wir aufs Innigste üben und immer wieder zum Jetzt zurückkehren,

wird die Wahrheit offenbar, dass nichts ein festes
Selbst besitzt.

Eines der Dinge, die mir am westlichen Buddhismus der zweiten Generation am meisten Sorgen macht, ist der intellektuelle und therapeutische Ansatz mit dem hauptsächlich gelehrt wird. Meine Erfahrung damit ist, dass all jene Lehrer*innen, die mit diesen Ansätzen lehren, am Ende dem Glauben an ein festes Selbst aufsitzen und dies unbewusst so lehren und weitergeben an die nächste Generation. Ich fürchte dabei nicht um das Heilsame dieser Ansätze, aber um die Tiefe und Fülle dessen, was der Buddhismus zu bieten hat. Nun kann man ja beileibe nicht behaupten, dass Buddha oder Dogen Zenji nicht intellektuell gewesen wären. Was sie aber nie aufgaben, war durch die Meditation den Glauben an ein festes Selbst aufzulösen und damit durch ihr Leben manifestierten, was sie lehrten.

Im *Funkanzazengi* schreibt Dogen Zenji: „Ihr müsst die Tatsache anerkennen, dass selbst Shakymuni Buddha sechs Jahre Zazen sitzen musste. Der Einfluss dieser sechs Jahre des aufrechten Sitzens ist auch heute noch sichtbar. Ebenso werden bis zum heutigen Tag Bodhidharmas Übertragung des Buddha-Dharmas und der Besonderheit der neun Jahre, die er gegen die Wand gerichtet Zazen übte, gerühmt. Die grossen Vorfahren waren derart unablässig in ihrer Übung, wie können Menschen heutzutage glauben, auf die Übung des Zazen verzichten zu können?[61]" Im *Genjokoan* drückt Dogen Zenji es so aus: „Doch wenn wir aufs Innigste üben und immer wieder zum Jetzt zurückkehren, wird die Wahrheit offenbar, dass nichts ein festes Selbst besitzt."

Das ist die Übung des Zazen. Ohne geht es nicht auf dem Buddha-Weg.

---

[61] (Fukanzazengi aus: The Essence of Zen, 2008)

(8) Brennholz wird zu Asche.

Asche kann nicht wieder zu Brennholz werden. Trotzdem sollten wir dies nicht so verstehen, als ob die Asche nachher und das Brennholz vorher wäre. Wir sollten wissen, dass Brennholz im Zustand des Brennholzes verweilt und ein eigenes Vorher und Nachher hat. Doch obwohl es Vorher und Nachher gibt, sind Vergangenheit und Zukunft abgetrennt. Asche ist im Zustand der Asche mit ihrem eigenen Vorher und Nachher. So wie Brennholz nicht mehr zu Brennholz wird, nachdem es zu Asche verbrannt ist, so wird auch ein Mensch nach seinem Tod nicht wiedergeboren. Wie auch immer, es ist eine ungebrochene Tradition im Buddhadharma nicht zu sagen, dass das Leben zum Tod wird. Deshalb nennen wir es „nicht-erschienen". Es entspricht der Art der Buddhas, das Rad der Lehre dadurch zu drehen, dass sie nicht sagen, dass der Tod zum Leben wird; deshalb wird er „nicht-ausgelöscht" genannt. Leben ist ein Zustand in der Zeit. Tod ist auch ein Zustand in der Zeit. Dies ist wie Winter und Frühling. Wir denken weder, der Winter werde Frühling, noch sagen wir, der Frühling werde zum Sommer.

Worüber redet Dogen Zenji hier in diesem achten Abschnitt?

Unversehens ist es Herbst geworden. Ich komme gerade von einem Spaziergang, während dem ich mich unter anderem eine Stunde auf den Waldboden gelegt habe und mich von der Sonne beschienen ließ. Konnte ich in einem Baum sehen, dass er potentielles Brennholz ist? Nein.

Erkennt ein Baum, dass er vielleicht einmal Brennholz sein wird? Als Menschen gehen wir davon aus, dass er es nicht tut, weil er nicht denken kann. Dann wäre der Baum 100% Baum. Er lebt sein ursprüngliches Baumsein als Baum aus.

Der Mensch denkt. Das liegt in seiner Natur. Denken ist Teil seines ursprünglichen Menschseins, so wie Blätter Teil des ursprünglichen Baumseins des Baumes sind. Es ist weder richtig noch falsch, zu denken. Wir können es uns ja auch gar nicht aussuchen. Das Problem unseres Denkens ist aber, dass wir alles glauben, was wir denken und es mit der Wirklichkeit verwechseln.

Schwierig daran ist, dass wir das meiste, was wir denken, unbewusst tun. Es ist ja nicht so, dass der Gedanke: „Ich sterbe" falsch ist. Er ist einfach ein Erkennen unserer Wirklichkeit. Das unbewusstes Denken: „Ich will aber nicht sterben, ich habe Angst davor...," allerdings diktiert unser Leben, weil wir es glauben. Wir projizieren in unserem Gehirn eine Wirklichkeit, die unser Leben in Zukunft und Vergangenheit einteilt und diese mit einem angenehmen oder unangenehmen Wert bemisst. Vor lauter Abmessen bekommen wir nicht mehr mit, was wirklich jetzt ist. Obwohl das die ganze Zeit passiert, erfahren wir dann die nicht-heilbare Diagnose wie ein Schock. Da kann man noch so sehr behaupten, dass man ja weiß, dass man stirbt. Alle meine Patient*innen sagen, es war ein Hammer.

Bis zu diesem Punkt im gedanklichen Prozess sind wir ungefähr alle gleich, jetzt kommt es allerdings darauf an, was wir mit diesen Gedanken machen. Schauen wir hin, um wagen den Kontakt mit unseren unbewussten Ängsten oder wagen wir es nicht?

Wenn wir es nicht tun, versuchen wir nämlich aufgrund des Wertes, dem wir unseren Gedanken zuschreiben, in der Zukunft das Unangenehme loszuwerden oder zu vermeiden und das Angenehme zu erhalten oder zu erzielen. Um das zu tun, brauchen wir das Denken und die Fähigkeit Konzepte zu erstellen.

Das erste „unwahre" Konzept ist das eines abgetrennten, festen Ichs. Der Gedanke: „Ich bin." Darauf folgt: „Ich will ... und ich muss es so und so erreichen, damit mein Leben Sinn macht." Je fester dieser Gedanke an ein abgetrenntes Ich ist, desto mehr müssen wir die „eigene" Vergangenheit erklären und die Zukunft zu kontrollieren versuchen. Weil wir das alles für die Wirklichkeit halten und glauben, sind wir ständig am Kämpfen mit der Natur des Seins, von der wir nie getrennt waren. Blöderweise gehört zu dieser Natur des Seins halt auch, dass wir sterben.

Das gehört alles zu unserer Bedingtheit als Mensch. Wir erfahren uns innerhalb dieser ungetrennten Natur des Daseins als abgetrennte Wesen. Beides ist in diesem Sinne die gleiche Wirklichkeit aus verschiedenen Erfahrungen. Daher ist das Leben aus Sicht dessen, was man als Einheit oder Buddha bezeichnet, Buddha selbst. Dass wir das alles für die Wirklichkeit halten, ist Verwirrung. Daher wird gesagt, Verwirrung ist Erleuchtung und Erleuchtung ist Verwirrung. Man könnte auch sagen: Leiden ist Erwachen, nur wenn wir glauben, es ist „mein" Leiden, dann leide halt „ich".

Der Trick ist nicht, zu versuchen den Tod zu bekämpfen, zu verleugnen oder davor davonzulaufen. Das funktioniert sowieso nicht. Erleuchtung ist, den primären Glauben an ein abgetrenntes Sein als Verwirrung zu erkennen.

Darauf zielt dieser achte Abschnitt ab. Die Betrachtung unserer körperlichen Vergänglichkeit hält uns das etwas gnadenlos vor Augen, weshalb es auch viel Mut kostet, hinzuschauen. Aber schon der Buddha hielt seine Anhänger*innen dazu an, sich auf Leichenfelder zu setzen und der Verwesung eines Körpers zuzuschauen. Das ist noch mal ein ganz anderes Kapitel, als der achte Abschnitt des *Genjokoans*. Doch für ihn war die Betrachtung und Erkenntnis der eigenen Vergänglichkeit der schnellste Weg zum Erwachen.

In Tibet gibt es auch heute noch eine dramatische Übung mit der eigenen Vergänglichkeit in Kontakt zu kommen.

Dort ist der Boden zu kalt, um Erdbestattungen zu machen und Feuerholz zu rar, um es für Kremationen zu benutzen. Also gibt man die Leichen als Nahrung den Vögeln. Sie werden dafür von Bestattern in Einzelteile zerhackt. Auch heute noch gibt es in Tibet die Übung, sich auf ein Leichenfeld zu legen und sich imaginär von den Bestattern zerhacken zu lassen, um zu üben, den Glauben an ein festes Ich zu erschüttern.

Aber Sterben ist eben nicht nur der letzte Atemzug. Sterben ist auch das Loslassen von festen Glaubenssätzen, allen voran dem an ein festes, abgetrenntes Ich. Nur wenn diese vermeintliche Wahrheit in uns als Täuschung erkannt ist „wird unsere Übung zu einer Manifestation der Verwirklichung"[62]. Darum geht es im gesamten *Genjokoan*, das ist *Genjokoan*.

Deshalb ist dieser Abschnitt vielleicht radikaler wie das Zerstückeln des Körpers nach dem Tod. *Genjokoan* jetzt zu manifestieren, ist das, was man im Bodhisattvagelübde gelobt hat zu üben.

Dogen Zenji fängt diesem Abschnitt mit zwei schönen Sätzen an:

Brennholz wird zu Asche. Asche kann nicht wieder zu Brennholz werden.

Kein Mensch würde diese zwei Sätze infrage stellen. Übersetzen wir aber das Gegensatzpaar *Brennholz* und

---

[62] Abschnitt 12

Asche mit *Körper* und *Leiche*, dann kann man den Aufschrei seiner Gedanken quasi hören, so laut sind sie. Es hieße dann: *„Ein Körper wird zu einer Leiche. Eine Leiche kann nicht wieder ein Körper werden."* Solange wir das auf einer abstrakten Gedankenebene lassen, können wir es auch noch handhaben. Unbewusst läuft allerdings schon lange die Einsicht: „Mein Körper wird zu meiner Leiche. Meine Leiche kann nicht wieder mein Körper werden."

Wenn wir jetzt unsere Überlebensstrategien kennen, dann können wir diesen Satz stehen lassen und schauen, was für weitere Gedanken erscheinen, ohne dass wir uns mit ihnen identifizieren und in Panik davonlaufen. Wenn wir allerdings an ein festes Selbst glauben und uns mit unseren Überlebensstrategien identifizieren, dann kommen jetzt unsere Glaubenssätze und moralische Vorstellungen zum Tragen, wie man Leben sollte und was nach dem Sterben passiert. Ganz zu schweigen davon, was wir demjenigen Menschen erwidern würden, der uns diese zwei klaren und wahren Sätze gesagt hat. Sollten die moralischen Vorstellungen oder Glaubenssätze unseres Gegenübers dann auch noch unseren widersprechen, gerät man gerne und schnell aneinander. All das basiert auf dem ursprünglichen falschen Glauben an ein abgetrenntes Ich, das nicht vergänglich sein möchte.

Nun kann man diese Prozesse aber schon bei kleineren Episoden im Alltag erkennen, wo man die Ruhe und Besinnlichkeit hat, sie zu erspüren. Zum Beispiel war das

Durchdringen meiner Gedankenprozesse in ihrer gesamten Tiefe mir heute während dem Schreiben dieser Sätze auch nicht vergönnt. Ich schrieb über das Sterben und plötzlich stand ich auf und räumte den Balkon auf. Etwas, was ich nie beabsichtigt hatte. Als ich die Flucht dann erkannte und furchtbar über mich selber lachte, ging ich zum Computer zurück, um weiterzuschreiben. Da machte mir das Antivirenprogramm einen Strich durch die Rechnung. Meine ganze Ungeduld kam hoch und ich hämmerte auf die Tasten, als ob es dann schneller ginge. Der Computer war nun mein Lebensfeind und er musste unter Kontrolle gebracht werden, so aufgewühlt war ich innerlich immer noch. Es hat nicht geklappt. Ich musste mich in Geduld üben und ihn neu starten. ☺

Dass man die Achtsamkeit schulen kann, um diese Prozesse zu erkennen und den inneren Stress zu reduzieren, ist übrigens nicht meine Einsicht, sondern die des Buddhas. Er hat sie im Mahasatipattana-Sutta beschrieben und es wird heute in der Vipassana Methodik gelehrt. (Im Westen neuerdings am besten bekannt in der Unterart der Achtsamkeitsbasierten Stressreduktion.)

Als ich auf die Achtsamkeitsmeditation traf, wurde starken Wert auf das Benennen dessen gelegt, was im Bewusstsein erscheint. Da dachte ich, was für ein Quatsch, das stärke ich ja nur meine Idee des Konzepts, das erscheint. Ein durchaus kluger Gedanke oder eine Einsicht, denn das ist tatsächlich die Falle. Da aber der Buddha das als eine seiner wichtigsten Methoden bezeichnete, dachte ich mir, dass da mehr dahinter sein muss.

Als ich Ajahn Amaro lehren hörte, wie diese Belehrung dazu führen kann, meine dualen Konzepte zu durchschneiden, da gingen ganze Straßenzüge von Lichtern an.

Dogen Zenji sagte mit diesen ersten zwei Sätzen zu uns: „Schaut hin, das ist die Ausgangslage!" Danach zerstückelt er unsere Idee dahinter ziemlich gnadenlos, wie die Bestatter auf den tibetischen Leichenfeldern.

Trotzdem sollten wir dies nicht so verstehen, als ob die Asche nachher und das Brennholz vorher wäre.

Wie denn, bitte, sollen wir es sonst verstehen???

Das ist die Stärke von Dogen Zenji. Wieder sagt er einen Satz, den wir nicht verstehen, der uns aber so provoziert, dass wir mit der Achtsamkeit dabeibleiben, wenn wir es ernst meinen. Er beginnt damit, unsere Vorstellung von einem zeitlichen Ablauf in Frage zu stellen. Wenn man mit diesem Satz Zazen sitzt, dann bleibt einem quasi gar nichts anderes übrig, als immer wieder zum Jetzt zurückzukehren. Konsequent anwendet erkennt man dann, was Dogen Zenji in Abschnitt sieben schon gesagt hat, nämlich dass es ein festes oder bleibendes Selbst nicht gibt.

Wir sollten wissen, dass Brennholz im Zustand
des Brennholzes verweilt und ein eigenes Vorher
und Nachher hat.

Um uns vollends zu verwirren, stellt Dogen Zenji nochmals klar, dass das Brennholz nicht vorher ein Pullover war und nachher eine Schwalbe wird. Das bestätigt die Lehre des Buddha über Karma, bedingtes Entstehen. Brennholz war irgendwann zuvor ein Baum, auch wenn es zwischendrin vielleicht ein Tisch oder eine Holzkiste war. Wenn die Bedingtheit Feuer und Holz zusammenkommen, dann entsteht Brennholz. Punkt. Wenn es brennt, wird daraus Asche. Punkt.

Ich möchte diesen Satz nochmals am Beispiel des eigenen Lebens verdeutlichen: „Wir sollten wissen, dass der Körper im Zustand des Körpers verweilt und ein eigenes vorher und nachher hat." Der Körper ist das, womit wir uns am Meisten identifizieren und der Tod ist daher der Schnittpunkt, der uns aufgezeigt, dass das Selbst, das wir uns einbilden zu sein, ein Ende findet. Man könnte diesen Satz auch schreiben: „Wir sollten wissen, dass der Geist im Zustand des Geistes verweilt und ein eigenes Vorher und nachher hat." Da aber können wir uns perfekt wieder in das Konzept eines ewigen Geistes und einer Seele flüchten. So entstehen schließlich ganze Religionen.

Beim Körper klappt der Trick nicht. Da ist es zu offensichtlich. Als Palliative-Pflegefachfrau kann ich ein Lied davon singen, wie real es wird, wenn man dem Tod ins

Auge schaut. Zur Bedingung eines belebten, menschlichen Körpers gehört es, dass Ei und Samen zusammenkommt und es gehört dazu, dass er eine Leiche wird. Aber der lebende Körper ist weder Ei noch Samen und er ist nicht Leiche. Der lebende Körper ist einfach im Zustand des lebenden Körpers. Wir bezeichnen ihn als meinen Körper und glauben so, er gehört uns. Das aber ist die eigentliche Täuschung.

Bei der ganzen folgenden Belehrung darf man das nicht vergessen. Keiner der Vorfahren hat bestritten, dass es die Bedingtheit eines Körpers gibt, im Gegenteil. Er beinhaltet die Bedingtheit zu Erwachen. Ohne ihn geht es nicht. Aber es ist halt nicht **mein** Körper.

Wenn Schüler*innen zu Meister*innen in das Zweiergespräch gehen und hochbeglückt jubeln, dass sie nun Leerheit erkannt haben und das es nichts gibt, dann kann es schon mal passieren, dass da etwas kommt, was uns an unsere Körper erinnert. Alte Koans sind voll von solchen Geschichten, für mich meist ein etwas zu testosterongesteuertes Schlagen, in den Hintern treten, Kohlen aushändigen oder sonst was.

Aber auch Meister*innen mit tiefen Einsichten fallen noch darauf rein, dass Leerheit das Ende des Seins ist. Als Sawaki Roshi deklarierte, man könnte Pearl Harbor bombardieren, denn alles wäre leer, antwortete Aitken Roshi später: ‚Wo kommt dann all das Blut her?' Da war Sawaki aber schon tot. Auch er wurde eine Leiche.

Dogen Zenji schickt die Bestätigung, dass wir diese Bedingtheit sind und sie wirklich ist, schon mal voraus, bevor er dann sagt:

Doch obwohl es Vorher und Nachher gibt, sind Vergangenheit und Zukunft abgetrennt.

Die Bedingtheit ist ein laufender Prozess, aber Vergangenheit ist vorbei und Zukunft noch nicht da. Es gibt somit immer nur das Jetzt.

Der Prozess, Karma, ist etwas ganz Unpersönliches. Wie im Einleitungskapitel beschrieben, laufen in uns Überlebensstrategien ab und das Hasten nach Angenehmem und das Ablehnen von Unangenehmem und Schmerzhaftem. Je begrenzter die Idee des Ichs ist, das uns aus der Gefahrenzone bringen und uns glücklich machen soll, desto mehr leiden dieses Ich. Wenn wir zum Beispiel denken, ein roter Porsche macht uns glücklich, dann wird ein weißer den Dienst nicht tun. Wenn unsere Ansicht aber weiter ist, dann haben wir vielleicht die Einsicht, dass sogar ein Fahrrad reicht, um unseren Wunsch zu erfüllen, von A nach B zu kommen.

In der Palliativmedizin gibt es dafür einen wissenschaftlich bewiesenen Zusammenhang mit dem Fachausdruck Calmann-Gap. Man erhebt den Status eines totkranken Menschen und fragt ihn nach Erwartungen für den letzten Lebensabschnitt. Je grösser die Lücke –das Gap- zwischen Zustand und Erwartung, desto grösser das Leiden.

Auf der anderen Seite ist da das Lächeln im Gesicht der Toten, die friedlich starben. Vielleicht ist der Tod ein ewiges Jetzt, weil es nichts mehr zu erklären und nichts mehr zu erreichen gibt. Die Lücke ist geschlossen. Es ist noch niemand zurückgekommen, das zu bestätigen. Wichtiger aber ist, dass der Buddha sagt, es wäre schon während unserer Lebenszeit möglich, diese Lücke zu schließen, nämlich buchstäblich JETZT. Und es ist immer Jetzt.

„...wenn wir aufs Innigste üben und immer wieder zum Jetzt zurückkehren, wird die Wahrheit offenbar, dass nichts ein festes Selbst besitzt.[63]" Dogen Zenji sagt nicht, wenn man im *Jetzt verweilt.* Es gibt kein Jetzt, um darin zu verweilen. Zum Jetzt Zurückkehren ist ein Verb, kein Hauptwort. Die Sätze im achten Abschnitt spiegeln die Daseinsmerkmale der Leidensursache, der Vergänglichkeit und Nicht-Ichheit. In Verwirrung darüber zu sein ist Samsara, es zu verkörpern und sei es nur für eine Sekunde, ist die Erfahrung von Nirvana. Daher ist Leben etwas Aktives und Erwachen kein Zustand. Man muss zu diesem Erwachen immer wieder zurückkehren. Dabei ist dieses Zurückkehren nicht zeitlich gemeint, sondern ein Eins-werden mit dem Leben und der Lebenskraft als solches. Meister Baoche benutzt seinen Fächer.

Im Japanischen gibt es den Begriff „Shikan" (wie in Shikantaza. *Ta* ist eine Verstärkungssilbe, *Za* bedeutet Sitzen). *Shikan* bedeutet *einfach* im Sinne von ein-fach. Einfach Sitzen bedeutet ein-fach sitzen. Nicht ich sitze im Körper und mein Geist weiß, dass ich sitze. Im einfachen

---

[63] Abschnitt sieben

Sitzen ist das Leben nicht geteilt, auch nicht in Vergangenheit und Zukunft, nicht in Geist und Körper, nicht in Übung und Erleuchtung. Alles was ist, ist dann ein-fach Sitzen. Man kann übrigens auch Shikan-Pizzaessen oder Shikan-Küssen.

Zugegeben, man kann auch Shikan-Bombenwerfen über Pearl Harbor. Bombenwerfen als eine ungeteilte Aktivität, Ein-fach Bombenwerfen. Nur ist die Bedingtheit dann viel Blut und viel körperlicher und geistiger Schmerz bei sehr vielen Wesen. Ein-fach Blut und Leiden, mit denen sich aber sehr viele Menschen identifizierten und nach Rache schrien. Was dann in der zeitlichen Bedingtheit des Lebens der Menschen folgte, kennen wir aus der Geschichte. Die ersten Atombomben flogen. Form ist Leere, Leere ist Form. Die Form der Leerheit wird dann bedingtes Leiden, wenn wir uns mit der Bedingtheit von Vergangenheit und Zukunft identifizieren.

Nochmals zurück zum Dialog zwischen dem Tofu-Hersteller und seinem Tofu aus Nishiari Bokusan Zenjis Kommentar zu *Genjokoan* (Siehe Kapitel fünf). Dieser Tofu-Hersteller versucht dem Tofu geduldig zu erklären, dass er lediglich das Ausleben der Bedingtheit des Zusammenkommens von Bohnen und anderer Zutaten ist.

Nishiaris Beispiel bewirkt, Zeit und Raum in einer ganz neuen Perspektive zu verstehen: „Von der Perspektive des Tofuherstellers werden Bohnen gekocht und in Tofu umgewandelt. Das aber ist eine Perspektive von außen… Für den Tofu ist das Quatsch. [Für das erlebte Leben ist es] nicht so, daß „dieses" zu „jenem" wird, sondern es gibt in der Zeit nur eine Richtung; es gibt immer nur eine ungeteilte Aktivität zu einer Zeit."[64]

Im *Genjokoan* geht es um mich, hier und jetzt, als eine ungeteilte Aktivität. Ungeteilte Aktivität ist nicht, ich sitze hier und drücke Tasten am Computer, um einen Kommentar zu diesem Abschnitt zu verfassen. Und doch kann auch das ungeteilte Aktivität sein. Der Tofu-Hersteller in mir ist der Geist, der neben mir steht, mir beim Schreiben zuschaut und es kommentiert. Wenn ich eins bin mit diesem Geist erscheint die ungeteilte Aktivität des Kommentarschreibens. Dann bin ich ein schöner schwabbeliger Tofu, der über sich selber lachen kann.

Asche ist im Zustand der Asche mit ihrem eigenen Vorher und Nachher.

Dogen Zenji wiederholt sich hier nochmals, um unmissverständlich klarzumachen, dass Zeit in eine Richtung verläuft. Aus Brennholz wird Asche und kein Baum mehr. Aus einem Körper wird eine Leiche und kein Kind.

An diesem Satz hat mich immer fasziniert, dass bei einem realen Feuer oft nicht das ganze Brennholz Asche wird, sondern ein Teil in einem Zwischenzustand verkohlt. Einmal schrieb ich Eve Marko Roshi in einer Email, dass ich mein Leben mit solch einer Leidenschaft leben möchte, dass nichts außer Asche übrig bleibt. Das möchte ich immer noch, auch wenn ich mir nicht recht

---

[64] (Dogen's Genjokoan, Three Comentaries, 2011, S. 69f)

klar darüber bin, wie ich das unter Kontrolle bringen soll, sobald ich darüber nachdenke. Das darüber Nachdenken ist der Geist, der neben mir steht und mein Leben kommentiert. Schon bin ich wieder geteilt. Es bleibt mir nichts anderes übrig, als es ein-fach zu leben.

Ich möchte dieses Leben hundertprozentig leben und alles Potenzial, das es beinhaltet ausleben. Außer dem Geist, der alles kommentiert, ist „mein" zweites Problem, dass ich das Potential nur teilweise erkenne. Daraufhin stellt sich die Frage, ob ich etwas ausleben kann, was ich nicht kenne? Genau das muss sich Dogen Zenji auch gefragt haben, sonst würde er in Abschnitt 11 nicht so ausführlich darauf eingehen. Er sagt, einhundert Prozent leben kann ich nicht, wenn ich darüber nachdenke und das Leben plane. Auch nicht, wenn ich darauf warte, dass ich erwacht bin und mein gesamtes Potential erkenne. Ich kann es auch nicht erst dann leben, wenn ich meine gesamte Kindheit therapeutisch aufgearbeitet habe. Ich kann das Potential nur erkennen, wenn ich es lebe, hier und jetzt. Das ist ungeteilte Aktivität.

Wenn diese Aktivität dann zu Ende ist, ist sie fertig. Asche ist Asche und nicht: „ah, jetzt habe ich es kapiert als ich Zazen saß. Jetzt muss ich ganz oft Zazen sitzen, um das immer wieder zu kapieren." Man kann eine Einsicht nicht reanimieren, weil der Augenblick nicht mehr derselbe ist. „Ich" ist nicht fest und jetzt schon eine ganz neue Einheit, die sich verwirrender Weise wieder „Ich" nennt.

Damit sich niemand rausreden kann, kappt Dogen Zenji auch noch das letzte Rettungsseil:

So wie Brennholz nicht mehr zu Brennholz wird, nachdem es zu Asche verbrannt ist, so wird auch ein Mensch nach seinem Tod nicht wiedergeboren.

Neulich durfte ich den Tod einer jungen Frau bezeugen, die bis zu ihrem letzten Gespräch mit mir sagte, sie wolle leben und sie glaube daran, dass sie geheilt wird. Sie hatte überall Tochtergeschwüre und es war klar, es geht nur noch ein paar Tage, bis sie stirbt. Sie sagte zu mir: „Ich weiß, dass hört sich in meinem Zustand völlig unrealistisch an, aber ich habe zwei Möglichkeiten, entweder ich lebe oder ich sterbe. Ich habe mich fürs Leben entschieden." Nach diesem Satz wusste ich, dass sie weiß, sie stirbt und sie wusste, dass ich weiß, dass sie lebt. In diesem Augenblick haben wir uns angeschaut und uns der anderen hingegeben. Es trennte uns nichts mehr. Für diese Zeit des Verschmelzens während solch einem Satz, gab es keine Zeit, zumindest nicht für uns. Die Umstände ihres Todes haben mich viele Nerven gekostet, aber ich hatte sie so gerne, dass es alle Nerven wert war.

Für ihr friedliches Sterben war dieses intime Verstehen von uns beiden unglaublich wichtig. Es gab sehr viel Streit innerhalb der Familie und sie hatte es ihnen wirklich nicht leicht gemacht mit ihrem Kampf gegen den Tod. Am Ende saßen alle um ihr Bett und bezeugten ihren letzten Atemzug. Es half ihnen, als ich ihnen sagen konnte, dass sie wusste, dass sie stirbt, aber dass sie sich mit ihrem Trotz bis zum letzten Atemzug selber treu geblieben ist. Da musste ihre Mutter lachen und sagte, dass sie sich danach sehne, noch einmal von ihr so beschimpft zu werden, wie zwei Tage zuvor. Da lachte ich auch.

Amal[65] wird nicht wiedergeboren. Sie war Amal, einzigartig und daher wertvoll. Schade, wenn wir uns dessen erst bewusst werden, wenn sie eine Leiche ist. Schade, wenn wir uns selber dessen niemals bewusst werden, solange wir leben.

Evi ist Evi, so wie sie ist, einzigartig und wertvoll. Warum schaue ich dann morgens in den Spiegel und denke als erstes, dass ich dringend mal wieder zum Friseur muss? „Guten Morgen, Evi. Schön, dass es Dich gibt und ich sogar einen leeren Spiegel habe, aus dem Du mir entgegenblickst." Klar schaut mich da keine Perfekte an, aber um das geht es gar nicht. Jetzt bin ich lichterloh brennendes Brennholz, nachher bin ich Asche.

Oftmals frage ich mich, wofür meine Patient*innen weiterleben wollen? Ist es wirklich leben zu wollen oder ist es die Angst vor dem Tod? In den letzten Tagen können sie manchmal nicht mehr sitzen, essen oder ihre Ausscheidung kontrollieren und trotzdem sagen sie mir, dass es ihnen gut geht (Schmerzen kann man heutzutage bei guter Betreuung fast immer kontrollieren, sonst

---

[65] Name geändert

wäre das bestimmt auch anders). In solchen Augenblicken macht es mich perplex, wie lange das Brennholz glüht und brennt, bevor es Asche wird. Aber es ist so.

Irgendwann kommt dann auch ein Augenblick, wo es völlig okay ist, Asche zu werden. Asche ist kein Brennholz mehr und es wird auch kein Brennholz mehr. Zeit im Bedingten läuft linear weiter, im Unbedingten gibt es nur diese ungeteilte Aktivität. Leben ist Leben, Sterben ist Sterben. Das Sterben von Menschen bezeugen zu dürfen, ist eine große Ehre.

Glaubt man an Reinkarnation, den Himmel oder die Vereinigung von Atman und Brahman, ist das schön und vielleicht ein Trost, der die Furcht vor dem Sterben mindert. Wissen tun wir es nicht. Unbestritten ist aber die Tatsache, dass es nach dem Tod in unserem Leben keine Wiedergeburt von Evi geben wird, so wie sie war. Was sie in projizierten Himmeln sein wird, ist im Jetzt nichts anderes als ein Gedanke der Hoffnung, um mit der Trauer des Verlusts umzugehen. Als Trost ist dieser Glaube vielleicht wichtig und gut. Es hilft uns aber mehr zu erkennen, dass es das ist und nicht mehr. Wir leben unsere Leben nicht in der erdachten Zukunft, sondern jetzt. Denn wenn wir nicht aufhören, Glaubenssätze in die Welt zu setzen, die wir für die Wirklichkeit halten, um dann die anderen Glaubenssätze zu bekämpfen, sind wir am Ende alle tot.

Um das zu bekräftigen, fährt Dogen Zenji fort:

Wie auch immer, es ist eine ungebrochene Tradi-
tion im Buddhadharma nicht zu sagen, dass das
Leben zum Tod wird. Deshalb nennen wir es
„nicht-erschienen". Es entspricht der Art der Bud-
dhas, das Rad der Lehre dadurch zu drehen, dass
sie nicht sagen, dass der Tod zum Leben wird;
deshalb wird er „nicht-ausgelöscht" genannt.

Das Buddhadharma redet eben nicht darüber, dass es etwas Bestehendes in einer zeitlichen Abfolge gibt. Dieses Bestehende wäre ja dann unabhängig von den Bedingtheiten des Lebens, eine Seele sozusagen. Das aber verneint der Buddha mit den Daseinsmerkmalen.

Es gibt im Unbedingten des Buddhadharma nichts Bedingtes. Dies ist die Wiederholung von Abschnitt zwei: „Wenn die Zehntausend Dinge ohne festes Selbst sind, gibt es …keine Geburt und keinen Tod." Oder wie Dogen Zenji im Maka Hanja Haramita sagt: Leere ist Leere. Tod löscht nichts aus, denn in dieser absoluten Ebene war nie etwas erschienen. Dass es uns so vorkommt, liegt daran, dass wir eine Bedingtheit ausleben, die Leben nur von der dualen Perspektive im Gegensatz zu Tod kennt. Wie gesagt, dem Leben selber ist das egal. Allen „meinen" anderen Bedingungen ist es vermutlich auch egal. Sie leben ihre Bedingtheit in ständiger Transformation aus. Also zumindest kann ich mir nicht vorstellen, dass meine roten Blutkörper Panik bekommen, wenn „ich" sterbe. Dabei sind diese roten Blutkörper für mich so lebenswichtig wie der Gedanke „Ich bin". Vielleicht sogar wichtiger ☺.

Im Folgenden geht Dogen Zenji auf das Bedingte im Bedingten ein:

Leben ist ein Zustand in der Zeit. Tod ist auch ein Zustand in der Zeit.

Leben geschieht auch innerhalb des bedingten Ablaufs einer linearen Zeit, so wie wir es in der Bedingtheit als Mensch wahrnehmen. In dieser Wahrnehmung ist das Leben mein Leben und ist es ist auch mein Tod. Form ist Form.

Aber auch jetzt spricht Dogen Zenji aus der Einsicht in Nicht-Dualität. Seit dem Big-Bang gibt es nichts als Recycling. Es kamen keine Teilchen dazu oder wurden weggenommen. Seit der String-Theorie wissen wir schon gar nicht mehr, ob es überhaupt Teilchen gibt.

Aus der Quelle der Lebenskraft sind Tod und Leben, wie wir sie wahrnehmen, dasselbe. Wir teilen aufgrund unserer Wahrnehmung das Leben in Leben und Tod ein. Im Tod ist das aber nicht mehr wahrnehmbar, weil die Organe der Wahrnehmung mit uns sterben. Der Quelle, aus deren Einheit sich Form und Wesenheit manifestiert, ist das nicht wichtig. Für uns aber ist es unglaublich, dass wir dieses Wunder der Lebenskraft erfahren und verwirklichen können. Das ist vielleicht das, was die Psychologen dann als Urvertrauen bezeichnen. Dogen Zenji bezeichnet es als *Genjokoan*, von Uchiyama übersetzte als: „Die gewöhnliche Tiefgründigkeit des gegenwärtigen Augenblicks, der zum gegenwärtigen Augenblick wird."

Das unbedingte Leben und den unbedingten Tod (die dasselbe sind) finden wir nur im gegenwärtigen Augenblick der uns gegenwärtig ist. So gewöhnlich er erscheinen mag, so tiefgründig ist er und zwar zu jeder Zeit.

Dies ist wie Winter und Frühling. Wir denken weder, der Winter werde Frühling, noch sagen wir, der Frühling werde zum Sommer.

Ich glaube, dass ist ein Satz, der etwas kulturell bedingt ist, denn hier im Westen sagen wir durchaus, dass der Winter zum Frühling wird und der Frühling zum Sommer. Trotzdem saß ich länger mit diesem Satz, weil er mich irgendwie gepackt hatte. Irgendwann ging ich ins Zweiergespräch mit Roshi Egyoku und sagte: „Meine Güte, Roshi, ich habe gerade erkannt, dass ich an Jahreszeiten als fixe Größe glaube." Da musste sie dann doch lachen.

Wir glauben an solche Dinge. Wir glauben auch daran, dass die Sonne im Osten aufgeht. Das ist nicht bewiesen, bis sie es täglich neu tut. Ich frage mich öfters, ob die Erde vielleicht die Drehrichtung ändert, wenn wir hier den großen Atomknall haben. Aber dann werde ich es wohl nicht mehr mitbekommen. Die Jahreszeiten ändern sich ja schon. Was wir jetzt Winter nennen, wurde vor hundert Jahren wahrscheinlich noch mit Herbst betitelt. Winter ist ein Zustand in der Zeit. Er ist abhängig von vielen Bedingtheiten. Wir Menschen machen grad sehr viel Zeugs, die unser Verständnis von Winter völlig verändern. Aber auch das ist komplett unpersönliches Karma. Leben wird wohl auch weitergehen, wenn es das

Leben des Menschen oder selbst die Erde mit ihren Jahreszeiten nicht mehr gibt. Oder vielleicht erlebt die Erde dann ihre Wiedergeburt ohne den Bazillus Mensch. Die Dinosaurier hat sie schließlich auch überlebt.

Ich will damit nur sagen, dass wir bedingte Dinge nicht so selbstverständlich nehmen sollten. Wenn uns was an den Jahreszeiten liegt, so wie wir sie kennen, dann wäre es Zeit, unsere Anhaftungen und Abneigungen ehrlich zu hinterfragen, um sie für die nächsten Generationen zu erhalten. Offenbar ist da nämlich was im Ungleichgewicht unter den Bedingungen.

(9) Wenn eine Person erwacht,
ist es wie die Spiegelung des Mondes im Wasser. Der Mond wird niemals nass; das Wasser wird nie gestört. Obwohl das Licht des Mondes weit und groß ist, spiegelt er sich in einem Wassertropfen. Der gesamte Mond, ja der gesamte Himmel, spiegelt sich in den Tautropfen eines Grashalmes. Erwachen zerstört die Person nicht, so wie der Mond kein Loch ins Wasser bohrt. Die Person behindert das Erwachen nicht, gerade so wie der Tautropf nicht den Mond am Himmel behindert. Die Tiefe ist dasselbe wie die Höhe. Um die Wichtigkeit der Länge und Kürze von Zeit zu verstehen, sollten wir berücksichtigen, ob das Wasser groß oder klein ist, und die Größe des Mondes am Himmel verstehen.

Ab Abschnitt neun redet Dogen nicht mehr über Grundsätzliches der Lehre und falsche Glaubenssätze. Jetzt beginnt er über unser individuelles Leben zu reden und wie sich das Gesagte darin ausdrückt. Darin, wie er das macht, zeigt sich für mich Dogen Zenjis fürsorglicher Geist für seine Schüler*innen und alle, die nach der Antwort suchen, was Du und ich denn hier machen, wenn es uns so nicht gibt, wie wir immer glaubten?

Nachdem etwas schockhaften Abschnitt acht, ermutigt er uns nun, so individuell, wie wir sind zu leben. Acht Abschnitte hat er uns dazu ermutigt, Zeit, Raum und Glaubenssätze radikal zu hinterfragen, bis wir merken, dass es da wirklich kein Selbst gibt, dass sich festschreiben lässt. Nun nutzt er den Mond als Symbol des Erwachens und den Tautropf als unser persönliches Leben.

Der Mond, die Nicht-Dualität des Lebens, leuchtet immer und er ist auch immer voll. Wenn weder Wolken noch die Sonne ihn verdecken, dann spiegelt er sich ungehindert in unserem Sein. So ist das auch mit uns. Wenn die Hindernisse der fixierten Ansichten weg sind, dann kommt unser Leben zum Leuchten. Im Bild des Mondes und des Tautropfs sind wir dann völlig erleuchtet.

Eine dieser falschen Ansichten ist tatsächlich die Angst, dass wir nicht mehr sind, wenn wir die Einsicht in das Nicht-Duale erlangt haben. Dogen Zenji tröstet uns mit dem Satz: „Erwachen zerstört die Person nicht, so wie der Mond kein Loch ins Wasser bohrt". Diese Angst steht uns im Weg, die Spiegelung des Mondes im Wasser zuzulassen. Für unser Stammhirn gibt es das nicht, dass wir sind und gleichzeitig nicht sind. Wenn wir einen Teil von unserer Identität (der Glaube an ein abgetrenntes Selbst) loslassen, dann bedeutet es für das Gehirn das Ende des Lebens. In einem bestimmten Sinn stimmt das auch. Unsere Leben sind nicht mehr dieselben, wie sie vor der Spiegelung des Mondes im Wasser waren, aber die Schlussfolgerung, dass wir dann zerstört sind, ist falsch. Im Gegenteil.

Auch wenn wir beginnen, das zu verstehen, wird sich diese Angst nicht völlig auflösen. Unser Geist ist da sehr trickreich. Am schlimmsten ist es, wenn er uns weismacht, er habe es jetzt total verstanden mit dem Erwachen. Das ist gleich die nächste Identität und Falle. „Ich" bin erwacht, ist ein Wiederspruch. Wenn Schüler*innen ihre Meister*innen fragen, ob sie erwacht sind, oder ein ganzer Zweig des Buddhismus das Erwachen ihrer Lehrer*innen (99% in männlicher Form versteht sich) idealisiert, dann stimmt da was nicht. Tatsächlich öffnet das Tor und Tür für Missbrauch. Ein abgetrenntes Selbst kann nicht erwacht sein, da ist eine dicke Wolke vor dem Mond.

Doch sagt Dogen in Abschnitt 11 auch: „Es gibt Praxis-Erleuchtung und dies ist der Weg der lebenden Wesen". Ich bin ein lebendes Wesen. Jede*r die/der den Satz liest, ist auch eins. Übung-Erleuchtung zu verwirklichen ist der Weg von uns Menschen. Roshi Egyoku lehrte in einem Vortrag, dass ein Apfelkern ein Apfel wird, eine Pusteblume, ein Löwenzahn und ein Mensch wird ein*e Buddha, wenn er übt. So wie die Bohne keine Ahnung davon hatte, ein Tofu zu werden, als sie Bohne war und wie der Tofu keine Ahnung mehr hat, wie er als Bohne war, so ist das mit dem Leben vor und nach dem Erwachen. Sie sind dasselbe Leben und doch komplett anders.

Die Pusteblume mag auch trauern, wenn ein Teil als Samen davonfliegt. Aber der Same trägt die Frucht des Lebens dieser Blume in sich und wird im Kreislauf des Lebens –wenn alles gutgeht- ein Löwenzahn. So ist das auch mit dem Samen der Buddha-Natur in uns. Der wird nur ein*e voll verwirklichte*r Buddha, wenn wir es schaffen, sie oder ihn zum Erblühen zu bringen.

Diese Ermutigung von Dogen Zenji, unsere ganz uns eigene Buddhaschaft zu leben, gibt es in der gleichen Fürsorge auch in einer Lehrrede des Buddhas. In Gosingam-Wald II der Mittleren Sammlung[66] treffen sich ein paar der bekanntesten Mönche in diesem Wald und genießen den Abend. Da fragt sich zuerst Shariputta, dann später alle dieselbe Frage: „Entzückend ist der Gosimgam-Wald, herrlich die klare Mondnacht, die Bäume stehen In voller Blüte, himmlische Düfte, meint man, wehen umher. Was für ein Mönch mag dem Gosingam-Wald Glanz verleihen?"

Was für eine wunderschöne Frage? Sie fragen nicht, wie können andere meinen Glanz erkennen? Schließlich reden wir von den besten Schülern des Buddhas. Sie fragen, wie kann ich das Wunder des Lebens (das Entzückende des Waldes und die Schönheit der Mondnacht) am besten durch das eigene Leben zum Ausdruck bringen?

---

[66] (Die Reden des Buddha, 1995, S. 240ff)

Nun waren die Jungs alle sehr verschieden und die Übung des Buddha-Weges hatte die unterschiedlichsten Fähigkeiten hervorgebracht. Ānata war der Cousin des Buddhas, der für sein Leibeswohl wirklich alles gab, der aber auch ein solches akustisches Gedächtnis hatte, dass wir ihm die Überlieferung der Lehrreden verdanken. Shariputta war für sein großes Verständnis, seine Gelehrsamkeit, aber auch für seine Fürsorge den jüngeren Mönchen gegenüber bekannt. Mahāmoggalāno für seine übernatürlichen Fähigkeiten und seine Fähigkeit zu lehren. Mahākassapo war eigentlich rigoros asketisch und lebte meist alleine im Wald. Anuruddho wird in der M128 als sehr liebevoller Freund mit tiefsten Einsichten dargestellt. Revato war ein Meister der Vertiefungen. Diese Männer fragten sich also sehr ernsthaft, was und wie ihre Übung sich durch ihr Leben als Buddhaschaft verkörpert, wenn sie doch alle so unterschiedlich sind.

In der Diskussion, die folgt, kommt dann ihre Ansicht raus, dass sie nach einem festen Kern des Ausdrucks suchen, der in allen gleich ist. Sozusagen die Seele der Buddha-Natur. Die finden sie aber nicht und so beschließen sie in all ihrer Individualität zum Buddha zu gehen und ihn ehrlich in Bezug auf ihren Zweifel zu fragen. Schon allein das ist so rührend an diesen großen Männern. Da war kein Stolz, so zu tun, als stände man darüber, keine Rechthaberin die darauf besteht: „Meine Ansicht stimmt aber". Nein, sie geben es zu, dass sie die Antwort nicht kennen, also gehen sie gemeinsam zu dem, von dem sie annehmen, er weiß sie.

Als ich Buddhas Antwort das erste Mal las, kamen mir echt die Tränen und auch jetzt bin ich tief gerührt. Der Buddha hört ihnen allen zu und gibt einem nach dem anderen recht in seiner Darstellung, dass er diesem Wald Glanz verleiht. Als sie ihm die Frage stellen, was sie als Erwachte vereint, sagt er: „Ihr alle habt wohlgesprochen, der Reihe nach. Und nun hört auch von mir, was für ein Mönch dem Gosingam-Walde Glanz verleihen mag. Da setzt sich ein Mönch nach dem Mahle... mit verschränkten Beinen nieder, den Körper gerade aufgerichtet und pflegt die Einsicht: ‚Nicht eher will ich von hier aufstehen, als bis ich ohne anzuhangen das Herz vom Wahn erlöst habe.‘" So einfach ist es eigentlich. Es geht nicht darum, etwas Besonderes zu werden, sondern die festen Ansichten loszulassen, damit das Besondere zum Vorschein kommen kann.

Im Metta-Sutta, dem Sutta der liebenden Güte, wird in der Linie des Ajahn Chah am Ende in ihrer Übersetzung rezitiert: „By not holding to fixed views/ The pure-hearted one, having clarity of vision/ Being freed from all sense-desires/ Is not born again into this world." Als Zen-Buddhistin habe es folgendermaßen übersetzt: „Reinen Herzens, nicht an Gedanken haftend/ Hat man die Klarheit des Weitblicks, /ist von Sinnenbegehren frei /und wird in diese Welt nicht wiedergebor'n." Nicht wiedergeboren zu werden ist im Theravada der Ausdruck des Erwachens. Im Zen-Buddhismus ist es, wie in den vorherigen Abschnitten dargelegt, nicht in das Leben der Verwirrung zurückzufallen. Diese Zeit ist vorbei.

Natürlich stimmt auch das nicht so ganz. Der Mond ist ja nicht immer voll und was nach diesem Leben passiert ist völlig unbekannt, wenn man nicht gerade den tibetischen Reinkarnationsglaube oder die Auferstehung im Himmel wörtlich nimmt. Aber wenn der Mond mal voll im Tautropf gespiegelt war, dann vergisst der Tautropf das auch nicht mehr vollständig. Je tiefer sich das Erwachen in den Tautropf eingeprägt hat, desto grösser ist seine Leuchtkraft.

Dann kommt im Satz: „Die Person behindert das Erwachen nicht, gerade so wie der Tautropf nicht den Mond am Himmel behindert". Er spricht unseren Zweifel an, ob wir würdig sind, Buddha zu sein? Das aber ist gar keine Frage. Wir sind ein Kind des Buddhas im Sinne von Buddha ist zum Erwachen der Non-Dualität gelangt. Da er dies geschafft hat, sind wir ja auch „Teil" davon. Nur halten wir -auch ich- an unserer Ansicht fest, dass das nicht sein kann, weil „ich" gierig, ständig ärgerlich und total daneben bin und schon gar nicht liebenswert, so wie ich bin.

Roshi Egyoku drangsalierte uns mal eine längere Zeit mit der Frage: „What is your basic story-line?" Was so viel heißt wie: „Was ist dein Glaubenssatz über dich selbst?" Da wir uns für prinzipiell unwürdig halten, ein erwachtes Leben zu führen —sprich, Buddha zu manifestieren- gewährt uns unser Geist zu diesem Glaubenssatz keinen direkten Zugang. Wir schirmen den Zugang zu dieser tiefen inneren Wunde mit weniger schmerzhaften Glaubenssätzen ab. Wir erkennen auch unsere

Glaubenssätze nicht als solche, denn wir sind von ihnen überzeugt. Aufmerksam kann man auf sie werden, wenn man den eigenen Geist denken hört: „ich bin zu..." oder: „Ich bin nicht..." Mein Basis-Satz hinter all diesem „zu dick, zu dumm, nicht schön genug, nicht sexy, nicht gebildet..." war aber: „Mein Leben ist eine Bürde für alle."

Ich war erschüttert, als ich merkte, dass ich in jede Beziehung mit diesem Glauben gehe! Meine Zeugung und Geburt war zugegebenermaßen eine Bürde für viele Menschen, aber erstens bin ich nicht daran „Schuld" und zweitens hat mich das Leben gewollt, sonst wäre ich nicht da. Dieser Grundsatzglaube trennte mich aber von sämtlichen intimen Beziehungen, auch zu einer intimen Beziehung mit mir selbst. Intimsein im radikalen Sinne, dass es keine Trennung zwischen mir und dem, was ich wahrnehme, gibt.

Dieser Glaube stand im Weg zum Erwachen des Inter-Seins, wie Thich Nhat Than es versucht auszudrücken. Mir liegt Nicht-Dualität etwas besser, aber es ist nur ein anderer Versuch. In der Zuflucht rezitiere ich *Sangha* als ‚die Einheit, die immer anders ist'. Auch ein Versuch. Viele verschiedene Versuche treffen auf viele verschiedene Ohren. Ausdrücken kann man es aber eigentlich sowieso nicht.

Diese Nicht-Dualität ist die Quelle der Verkörperung von Buddhaschaft und genau das bestätigt der Buddha in Gosingam-Wald II.

Der Mond, der sich am Himmel abzeichnet, ändert seine Größe nie. Aber in der Individualität des Menschen lebt auch ein unterschiedliches Bedürfnis, diesen Mond zu erforschen. Das ist Übung. In Abschnitt elf geht Dogen Zenji darauf in aller Länge ein. In der Bedingtheit dieses individuellen Ausdrucks gibt es auch Zeit. Diese Individualität genannt „Evi" hat eine Lebenszeit in der sie zur Verwirklichung immer wieder erwachen kann. Diese Chance will ich, Evi, nutzen.

(10) Wenn das Dharma den Körper und Geist noch nicht vollkommen erfüllt hat, mag man denken, man wäre davon erfüllt. Wenn die Lehre den Körper und Geist erfüllt, merkt man, dass immer noch etwas fehlt. Wenn wir beispielsweise in einem Boot auf den Ozean hinaussegeln, bis kein Land mehr in Sicht ist, und wir schauen in alle vier Richtungen, sieht er aus wie ein Kreis. Doch ist der Ozean weder rund noch eckig. Er besitzt unerschöpfliche Merkmale. Für einen Fisch sieht er aus wie ein Palast; für ein himmlisches Wesen wie eine Edelsteinkette. Für uns, soweit das Auge reicht, sieht er aus wie ein Kreis. Alle Zehntausend Dinge sind ebenso. Innerhalb dieser gewöhnlichen Welt und darüber hinaus reichen Klarsicht und Verstehen nur soweit, wie die Macht unserer durchdringenden Einsicht erlaubt. Wenn wir der Wirklichkeit der Zehntausend Dinge nachlauschen, müssen wir wissen, dass da unerschöpfliche Merkmale im Ozean und den Bergen liegen, und dass es viele verschiedene Welten in den vier Himmelsrichtungen gibt. Dies gilt nicht nur für die äußere Welt, sondern

ebenso ist es wahr gerade hier unter unseren Füssen und in jedem einzelnen Tropfen Wasser.

Abschnitt zehn ist ein Aufruf zur Demut gegenüber dem Leben. Er beginnt ähnlich wie Abschnitt sieben, mit einer etwas anderen Nuance und bringt das rein, was wir seither dazugelernt haben.

Wenn das Dharma den Körper und Geist noch nicht vollkommen erfüllt hat, mag man denken, man wäre davon erfüllt.

Um zu erklären, was Dogen mit diesem Satz für mich aussagt, möchte ich das Bild des vorherigen Abschnitts benutzen, nämlich die Leuchtkraft des vollen Mondes, der sich durch unser Leben spiegelt. In Abschnitt sieben sagt Dogen: *„Wenn jemand beginnt die Lehre zu suchen...".* In diesem Abschnitt kommt schon die Arroganz rein, wo man denkt, man wäre vom Dharma erfüllt, weil man ja schon so und so lange meditiert. Dicke Wolke vor dem Mond und zwar eine Wolke, die wir zwar irgendwie sehen, uns aber über ihre Natur täuschen. Wir sehen die Wolke als Hindernis und wir erkennen den Mond dahinter teilweise oder verschleiert. Anstatt uns die Natur der Wolke anzuschauen (*Den Buddha-Weg ergründen, heißt das Selbst ergründen*[67]) Machen wir uns ein Bild vom vollen Mond. Wir denken dann, Erleuchtung ist der volle Mond, den wir uns zusammengedacht haben. Irgendwas jenseits und vor allem ohne die Wolken.

---

[67] Abschnitt sechs)

Wir sind dann von dieser Idee erfüllt, aber nicht vom Dharma. Und wir sind von dem Verlangen erfüllt, diese Wolken (die Hindernisse) aus dem Weg zu räumen, damit wir unsere Idee von Erwachen leben können. Das ist wie eine geistige, mathematische Formel:
Erleuchtung = Ich - Hindernisse.

Immer wieder sagt Dogen und andere Zen-Meister*innen aber, Täuschung ist Erwachen, Erwachen ist Täuschung. Da scheint also was an unserer Idee eine Verblendung zu sein.

Sawaki Roshi sagte zu Uchiyama Roshi als dieser noch ein Schüler war: „Das *Buddha-Dharma* ist unermesslich und grenzenlos, es kann nicht etwas sein, was deinen Wunsch nach Befriedigung erfüllt." Dazu sagt Uchiyama Roshi: „Durch diese Aussage wurde ich wirklich wie umgedreht. Es war keine spezielle Erleuchtungserfahrung. Wenn Verstehen so einfach ist wie die Mathematik in der Grundschule, dann können wir auch verstehen, daß das unermessliche und grenzenlose *Buddha-Dharma* nichts ist, was unseren persönlichen Wunsch nach Befriedigung erfüllt. Daher fühlen wir uns natürlich unbefriedigt."[68]

Dieses Unbefriedigt-sein ist aber die eigentlich wirkliche Gnade, denn Dogen Zenji fährt fort:

---

[68] (Dogen's Genjokoan, Three Comentaries, 2011, S. 204)

Wenn die Lehre den Körper und Geist erfüllt,
merkt man, dass immer noch etwas fehlt.

Solange es an uns nagt, versucht unsere innewohnende Weisheit noch zu Wort zu kommen und wir merken es. Unbefriedigt-Sein ist zum Beispiel für mich eine bessere Beschreibung als *Leiden*. Ich merke einfach ein Nagen in mir, ein Forschen und Hinterfragen. Ich will wirklich die Natur dieser Wolken kennenlernen. Sie sind so offenbar Teil der Soheit, dass ich den Mond nicht erkennen kann, wenn ich nicht anerkenne, dass das irrende Selbst auch diese Wolke ist. Wenn ich diese Wolke bin, sehe ich den Mond ungehindert.

Ganz konkret sah das in meinem Leben so aus, dass ich auf diesem typischen Purification- (Reinigungs)-Trip war. Den Geist reinigen, frei machen von seinen Verblendungen, denn ich bin schlicht verblendet und nicht richtig, so wie ich bin. Deshalb bin ich nicht erleuchtet, da können noch so viele Lehrer*innen sagen, dass ich Buddha bin.

Auf meiner Reise arbeitete ich wie schon beschrieben mit dem psychotherapeutischen Modell des Inneren Familiensystems[69]. Als ich damit meine Personas erkannte, dachte ich immer noch, ich muss die „rumdrehen", weil die können nun wirklich nichts mit meinem Erwachen zu tun haben. Wirklich, Erwachen kann unmöglich meine

---

[69] Internal Familie System Therapie by Robert Schartz

Arroganz sein, nicht mein Rechthaber, nicht mein Zweifler, nicht die alte Tante, die sich immer eine Fluchtweg offen hält und schon gar nicht die rotzige 14-jährige im Punkerkostüm, die keinen Bock hat auf den ganzen Scheiß hier. Unmöglich, dass die alle erwacht sind.

In diesem System muss man mit all diesen Personas in Dialog gehen. Das macht man mit der Persona, die Robert Schwartz das Cor-Self (Herz-Selbst) nennt. Um das nicht mit einem festen Selbst zu verwechseln, nenne ich es jetzt mal unsere innere Weisheit. Diese ist nicht persönlich, sie ist die Weisheit des Lebens, von dem auch wir ein Teil sind.

Wie dem auch sei, was ich im Dialog mit diesen Personas merkte, war dass ich im Außen diese Charakterzüge an „anderen" sah und ich diese „anderen" ganz genau so behandelte, wie sich die Personas in mir behandelten. Genauso wie es im Außen zu jeweils recht bösen Interaktionen kam, so ging es in meinem Inneren zwischen den verschiedenen Charakteren zu. Der Rechthaber beschimpfte die flüchtende Tante als Feigling, die flüchtende Tante schrie den Arroganten an, dass er sich was einbildet, was er nicht ist und dieser schaute von oben herab auf die Vierzehnjährigen und sagte ihr, sie solle mal bitte zum Friseur und sich anständig anziehen. Diese wiederum spuckte auf dem Boden und dachte, ihr könnt mich alle mal. Das Schlimmste an der Erkenntnis, dass es so in mir zugeht, wie ich das im Außen erkenne, war dass das System schon über vierzig Jahre so gewachsen war und ich von diesem Teil meines Lebens nichts mitbekommen hatte. Vor allem hatte ich nicht mitbekommen, dass dahinter ein wütendes Kind hockt, das getröstet werden wollte, ein verspieltes Kind, das sich schämte und ein im Keller verborgenes Kind, das sich unwürdig fühlte. Das hat mich über meine Selbsterkenntnis wirklich bescheiden gemacht.

Ich hatte die Wolken vor dem Mond erkannt und ich weinte. Ich weinte lange und eigentlich wünsche ich allen Menschen diese Tränen, die ich da weinen durfte in der sicheren Umgebung eines Übungsweges mit einer Lehrerin, einem Therapeuten und einer Sangha als Stütze. Ich weinte alle Tränen, die diese Kinder nicht hatten weinen dürfen, und ich hörte sie endlich. Die Wolken begannen sich abzuregnen mit diesen Tränen.

Als ich mich wirklich den Wolken zuwendete und eins mit Ihnen als ganze Person wurde, erkannte ich auch, dass die Arrogante vieles hat, worauf sie stolz sein darf; dass die flüchtende Tante mir oft geholfen hatte, ungesunde Beziehungen zu beenden; dass der Rechthaber verdammt gute Argumente hat; und vor allem ist die rotzige Vierzehnjährige heute meine beste Verbündete, weil sie unglaublich kreativ ist, intuitiv Unrecht aufspürt und durch das Zuhören den Mut entwickelt hat, zu reden. Außerdem merke ich sofort, wenn sie getriggert ist. Ich habe gelernt, das wütende Kind zu trösten und ihm zuzuhören, spiele mit der Schüchternen und immer wieder gehe ich in den Keller und bringe Licht. Ich habe ge-

lernt, jede dieser Personas, die mich als Person ausma-
chen, zu lieben. Das heißt nicht, dass sie sich keine Fehl-
tritte mehr erlauben oder die Kinder nicht mehr weinen.
Gar nicht, aber ich habe auch nicht mehr den Anspruch,
meiner Idee von rein und heilig zu entsprechen. Was für
eine Erleichterung.

Sie alle sind Wolken voll Weisheiten, wenn wir eins mit
ihnen werden. Dann trennt uns auch nichts mehr vom
Mond. Unsere Verletzlichkeiten und Verwirrungen anzuerkennen und auch zuzulassen, ist gelebte Weisheit und
Stärke.

Da in der Gesamteinheit des Lebens das System unserer
inneren Familie ein Teil des Systems der äußeren Familie
ist, hört diese Einheit nie auf. Weshalb unbefriedigt sein
ein Ausdruck unserer intuitiven Weisheit ist, eine Weisheit, die weiß, dass wir nicht wissen, was das Leben alles
ist. Sie will wachsen und wenigstens all das erkennen,
was dieses System eines bedingten und begrenzten Daseins erkennen kann. Sie will die Grenzen sprengen.
Aber das geht eben nur bedingt, weshalb Dogen Zenji
uns nochmals auf eine Bootsreise mitnimmt:

Wenn wir beispielsweise in einem Boot auf den
Ozean hinaussegeln, bis kein Land mehr in Sicht
ist, und wir schauen in alle vier Richtungen, sieht
er aus wie ein Kreis. Doch ist der Ozean weder
rund noch eckig. Er besitzt unerschöpfliche Merk-
male. Für einen Fisch sieht er aus wie ein Palast;

für ein himmlisches Wesen wie eine Edelstein-
kette. Für uns, soweit das Auge reicht, sieht er
aus wie ein Kreis.

Diesmal fahren wir mit Dogen Zenji aber jenseits der Sichtgrenze des Ufers, wo wir in dessen Betrachtung erkannt haben, dass wir es sind, die sich bewegen. Jetzt gibt es diese Begrenzung nicht mehr. Ich weiß nicht, ob Sie schon mal soweit auf dem Meer waren, dass dieser Anblick einen Eindruck hinterließ. Alles was wir visuell erkennen können, ist das wir keine Grenze erkennen können und doch sieht der Horizont aus wie ein Kreis. Diese Erkenntnis der Einheit von Leerheit und Form wird im Zen oft auch oft mit dem Enzo (Kreis) dargestellt.

Enzo von Kazuaki Tanahashi 2014

Selbst in der tiefsten Einsicht ist unsere Erkenntnis begrenzt. Die Einsicht die wir haben, ist die Einsicht zu der wir als Mensch fähig sind. Diese geht zwar über die ursprüngliche Begrenztheit hinaus und erkennt, dass es mich und andere nur als bedingte Wahrnehmung gibt, aber sie bleibt begrenzt. Ich kann nicht erkennen, was ein Fisch im selben Element (dem Ozean) erkennt oder ein himmlisches Wesen, welches von oben die Szene betrachtet. Jede Perspektive auf das Leben ist einzigartig. Ich kann auch niemanden anderen erleuchten, auch nicht, wenn sich der Mond voll in mir spiegelt. Wenn das möglich wäre, hätte der Buddha alle erleuchtet, denn dessen Einsicht und Klarheit ging nun mal weit über meine hinaus. Wir können nicht in den Mokassins eines anderen gehen, wie die Ureinwohner Amerikas sagen. Zen-Meister*innen sind da etwas alltäglicher: wir können nicht mal einen Furz teilen.

Aber diese tiefste Einsicht hinterlässt im Leben eine Spur, wie es in Abschnitt sechs heißt. Das ist kein willentlich angelegter Pfad, dem andere eins zu eins folgen können. Es ist eine Spur, auf der ich meinen eigenen Buddha-Weg ergründen kann, dadurch dass ich das Selbst ergründe und lebe.

Alle Zehntausend Dinge sind ebenso. Innerhalb dieser gewöhnlichen Welt und darüber hinaus reichen Klarsicht und Verstehen nur soweit, wie die Macht unserer durchdringenden Einsicht erlaubt. Wenn wir der Wirklichkeit der Zehntausend Dinge nachlauschen, müssen wir wissen,

dass da unerschöpfliche Merkmale im Ozean und
den Bergen liegen, und dass es viele verschiedene
Welten in den vier Himmelsrichtungen gibt. Dies
gilt nicht nur für die äußere Welt, sondern ebenso
ist es wahr gerade hier unter unseren Füssen und
in jedem einzelnen Tropfen Wasser.

Wunderschön wie Kazuaki seine Enzos immer malt, sieht man auch, dass der Kreis ausgefranst ist und offen ins Jenseits. Was da ist, das wissen wir so wenig, wie wir die Berge und Ozeane erkennen können, wenn wir die Ufer verlassen. Was Dogen Zenji sagt und was ich mit dem Aufruf zur Demut gegenüber dem Leben meine, ist dass wir mit unserem begrenzten Klarblick der Leerheit und Verschiedenheit zwar nicht wissen, was all die Charaktere des Lebens sind, aber wir können anerkennen, dass sie da sind, dass sie ein Wunder für uns sind, und dass wir daran teilhaben in all unserer Begrenztheit.

Das ist so für das große Universum mit all seinen unerforschten Eigenschaften, aber genauso in jedem roten Blutkörper, welches durch unseren Kreislauf schwirrt. All das ist Ausdruck einer unermesslichen Lebenskraft, die wir immer klarer und verständlicher durchdringen können. Auch die Fähigkeit zu dieser Erkenntnis ist ein Ausdruck der unermesslichen Lebenskraft. Es ist nicht „meine" Erkenntnis. Erkenntnis geschieht, wenn man hinschaut, hinspürt, hineingeht auf dem Weg.

An dieser Stelle möchte ich noch eine gegenwärtige Ironie meiner Buddha-Wegstrecke erzählen, die zu diesem Abschnitt passt.

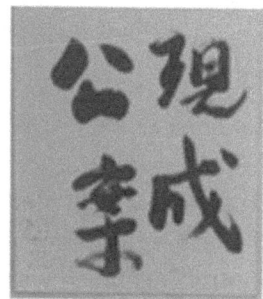

In meinem Zendo hängen seit etwa zwei Jahren die Kalligraphien von Kazuaki Tanahashi. Sie bedeuten oben Tod, darunter Leben und daneben *Genjokoan*.

Mein ganzes Leben habe ich mich mit dem Tod beschäftigt. Seit knapp zehn Jahren leitet mich der *Genjokoan*. Leben ist etwas, was in mir diese unbefriedigende Frage hervorbringt, warum es bei den Buddhisten immer als wertvoll bezeichnet wird???

Ich hatte diese Kalligraphie „Leben" auch erst mal gar nicht gekauft, obwohl sie bei dem Anlass, als Kazuaki sie zeichnete, schon angeboten wurde. Ich nahm nur den Tod und *Genjokoan* mit. Als ich zuhause ankam, bekam ich plötzlich Panik und dachte, so ignorant und geizig kann ich jetzt wirklich nicht sein, dass ich dem Tod seinen Gegenspieler Leben nicht gönne. Also musste ich den Galleristen anrufen und fragen, ob „Leben" noch da ist und ihn bitten, es mir zu schicken.

Ich habe seit Jahren eine sehr schwierige Lendenwirbelsäule und im Moment extreme Rücken- und Nervenschmerzen in den Beinen. So kann ich leider nicht mehr sitzend Zazen üben (was eine Zeitlang ein Horrorszenarium für mich war), sondern ich muss liegen. Ich weiß auch schon lange, dass der Zeitpunkt kommen wird, wo ich diesen Teil der Wirbelsäule versteifen lassen muss, weil zu viel mechanische Reizung auf den Nerven ist, aber ich sollte diesen Zeitpunkt auch so lange wie möglich hinauszögern, wegen der Folgeerscheinungen, die auftreten können. Also war ich im Aktivitätsmodus zur Erhaltung dieses Status.

Ich legte mich daher wegen Schmerzen in meinem Zendo zum Zazen hin (vermutlich müsste es dann anders heißen, denn „Za" in *Zazen* bedeutet Sitzen). In korrekter Haltung, mit 45° Augen ins Unendliche schauend, stellte ich fest, sie starrten schnurgerade auf die Kalligraphie „Leben". Es blieb mir wenig anderes übrig, als sie anzuschauen. Nachdem ich durch alle Stadien der Flucht durch war (ich überlegte mir wirklich, ob ich aufstehe und sie abhängen solle und ich machte echt die Augen zu), resignierte ich und dachte: „Soll wohl so sein". In einer der konkretesten existentiellen Krisen meines Lebens schaue ich buchstäblich mal nicht auf den Tod, sondern auf das Leben.

Irgendwann habe ich es sein lassen, über das Leben nachzudenken und was mir diese Ironie des Lebens wohl sagen will. Als ich endlich still dalag und diese Kalligraphie „das Selbst ausüben"[70] ließ, wusste ich plötzlich, dass der Zeitpunkt für die Operation gekommen ist. Es war keine Entscheidung, sondern viel mehr eine Antwort auf eine nicht gestellte Frage. Es war keine schöne Einsicht und mir liefen auch Tränen runter, aber es war befreiend, so klar zu sein, es zweifelsfrei zu wissen und aus diesem Aktivitätsmodus rauszukommen, der mittlerweile sehr viel Stress war.

Dass ich ausgerechnet in dieser Zeit etwas über das Leben lerne, seine Kraft, die sich durch mich ausdrückt, seine Klarheit und sein Urvertrauen, das wäre mir nie in den Sinn gekommen. Unermessliche Merkmale liegen in diesem Leben und manche erkennt unser Geist.

Da ich Kazuaki kenne und weiß, dass in jeder seiner Kalligraphien eine Belehrung steckt, schaute ich mir im

---

[70] Abschnitt 4

Wörterbuch die Übersetzung der Kalligraphie ins Deutsche an. Soweit ich es nachvollziehen konnte, kommt die
Kalligraphie die er für „Leben" wählte, aus dem Zusammenhang ‚zum Leben zu erwachen'. Hat geklappt, Kaz.
Ich danke Dir!

(11) Ein Fisch, der im Ozean schwimmt, stößt an kein Ende des Wassers, so weit er auch schwimmt. Ein Vogel, der am Himmel fliegt, stößt an keine Grenze des Himmels, so hoch er auch fliegt. Wenn das Bedürfnis des Fisches oder des Vogels groß sind, ist ihr Bereich groß. Wenn das Bedürfnis klein ist, ist ihr Bereich klein. Dadurch benützt jeder Fisch und jeder Vogel den gesamten Raum und handelt aktiv an jedem Ort. Wie auch immer, verließe der Vogel den Himmel oder der Fisch das Wasser, stürben sie auf der Stelle. Wir sollten wissen, dass für einen Fisch Wasser Leben ist und für einen Vogel der Himmel Leben ist. Ein Vogel ist Leben, ein Fisch ist Leben. Und wir sollten darüber hinausgehen. Es gibt Übung-Erleuchtung und dies ist der Weg der lebenden Wesen.

Zusammengefasst kann man sagen, Dogen Zenji hat für uns zehn Abschnitte die Grundsätze geklärt und mit wunderschönen Worten und Bildern erklärt, dass die Quelle des Lebens vollständig unpersönlich und frei eines innewohnenden Wertes ist. Er hat uns auch aufgezeigt, wie wir zu dieser Erkenntnis gelangen und hat uns vor der Falle der Leerheit und vor dem Hochmut der Erkenntnis gewarnt. Das alles scheint er nun vorauszusetzen, denn jetzt steigert er das Tempo und geht zum Höhepunkt dessen über, wie wir das durch unser Leben verwirklichen. Denn Einsicht heißt noch lange nicht, dass es verwirklicht ist, wie man an den vielen Missbrauchsfällen bei hochentwickelten Lehrer*innen erkennen kann.

Dabei ist es hier ganz besonders wichtig, zu erkennen, dass nicht wir das Buddha-Dharma verwirklichen, sondern dass sich das Buddha-Dharma durch uns verwirklicht (Abschnitt vier), und dass die Quelle dessen, was wir als Leben bezeichnen, nicht dual ist, sondern die Einheit aller Verschiedenheiten zum Ausdruck bringt.

Im Schriftstück: „Das Verschmelzen von Einheit und Verschiedenheit[71]“, *Sandokai*, heißt es: „Alle Dinge haben ihren eigenen Ausdruck / Es kommt darauf an sie am rechten Ort zu gebrauchen.“ Wie wir gelernt haben, ist das Selbst, „Ich“, nicht mehr als ein Ausdruck der Lebenskraft in Form eines geistigen Eindrucks. Unsere Illusion ist nun, dass das etwas ganz Persönliches mit Haut und Haar ist und es uns gehört. Aber dieser Ausdruck eines Selbst ist nur das: ein Ausdruck der Lebenskraft. Und doch hat er die Fähigkeit der Einsicht, über die Illusion, die es für sich selbst kreiert hat, hinauszugehen und wie

---

[71] (Living by Vow, 2012, S. 207)

der Vogel oder der Fisch seinen ungehinderten Platz im Leben einzunehmen.

Beim Schriftstück des *Genjokoan* muss man sich nämlich bewusst sein, dass dies nicht eine Lehranleitung für Mönche und Nonnen in Abgeschiedenheit war. Die letzten Sätze, die Dogen Zenji unter das Gedicht geschrieben hat, lauten: „Dies wurde im Mitt-Herbst des ersten Jahres der Tempuku Ära geschrieben [1233] und meinem **Laienschüler** Yō Kōshū, der in Chinzei [Kyūshū] lebte, übergeben. Zusammengetragen im vierten Jahr von Kenchō [1252]."

Wenn solch ein Brief in meinem Briefkasten landen würde, oder eine*r meine*r Lehrer*innen ihn mir in die Hand gedrückt hätte, wäre ich glaub tot umgefallen. Wer Yō Kōshū war, ist heute ziemlich unbekannt. Man weiß auch nicht, ob er den *Genjokoan* als wunderschönes Gedicht einfach rahmen und an die Wand hängen ließ oder ob er es als Übungsmanual benutzt hat. Das war seine Entscheidung. Heute ist das auch unsere.

Gerade in unserer Zeit, wo auch sehr seriöse Laien-Übende kaum eine Chance auf Vollzeitpraxis haben und in der wir uns nicht in Abgeschiedenheit in die Struktur eines Klosters werfen können und wollen, ist dieses Schriftstück wie gemacht für uns. Es wurde für jene geschrieben, die nackt auf den Marktplatz des Lebens zurückkehren, um im Bild des Ochsenjungen zu bleiben.

In Abschnitt elf und zwölf kommt nun das Lebenshandbuch. In Abschnitt zwölf schreibt er zum ersten Mal das Wort *Genjokoan* im Kontext der Übung nieder.

Dogen Zenji bietet in beiden Abschnitten das Bild des Vogels und des Fisches, redet über ihre jeweilige Bedingtheit im persönlichen Kontext und im Kontext dessen, was Leben ist.

Ein Fisch, der im Ozean schwimmt, stößt an kein Ende des Wassers, so weit er auch schwimmt. Ein Vogel, der am Himmel fliegt, stößt an keine Grenze des Himmels, so hoch er auch fliegt.

Dogen Zenji bedient sich hier eines Bildes, das ein tiefes Bedürfnis in uns ausdrückt, nämlich das der grenzenlosen Unbedingtheit. „Ein Vogel der im Himmel fliegt, stößt an keine Grenze (um mal beim Vogel zu bleiben, dasselbe gilt für den Fisch)..." Wenn wir uns dieses Bild in den Geist rufen, dann ist der Himmel leer. Auf sehr listige Weise hat Dogen Zenji da schon unsere erste Verblendung offensichtlich gemacht. Es gibt keine*n, die/der den leeren Himmel erkennt. Wenn wir uns den Kreis aus Abschnitt 10 wieder ins Gedächtnis rufen, dann ist im Zentrum des Kreises niemand, der den Kreis erkennt. Da ist kein Auge, das erkennt. Da ist Leere. In Abschnitt neun lehrt Dogen Zenji, dass diese Unfassbarkeit, Unbedingtheit, Leere oder wie auch immer man es nennen mag, nicht nur wahr ist in der äußeren Welt, sondern auch „in uns" („durch uns" wäre wohl die präzisere Wortwahl hier).

Jetzt kommt wieder der erforderlich Quantensprung im Geist. Da es offensichtlich ist, dass das was erkennt, bedingt und begrenzt ist, entsteht diese Bedingtheit aus der Quelle der Unbedingtheit. Das kann man nicht erkennen, sondern nur in dem Augenblick erfahren, wo man mit seiner Bedingtheit vollständig verschmilzt und sie lebt. Das beinhaltet, dass die Quelle der Bedingtheit die unbedingte Lebenskraft ist, aus der alles Bedingte entsteht[72].

Diese Erkenntnis kann nur entstehen, wenn man das Nicht-denken denkt, wie es im *Fukanzazengi* heißt. Auf die Rückfrage an den Meister, wie man das macht, antwortet dieser: „Indem man das Denken sein lässt, wie es ist." Die Methode dafür im Zen ist Zazen. Wenn im Zazen dieses Nicht-Denken verwirklicht ist, dann ist Erwachen und Übung eine Einheit, nicht Zwei.

> *Wenn das Bedürfnis des Fisches oder des Vogels groß sind, ist ihr Bereich groß. Wenn das Bedürfnis klein ist, ist ihr Bereich klein. Dadurch benützt jeder Fisch und jeder Vogel den gesamten Raum und handelt aktiv an jedem Ort.*

Um im Bild zu bleiben, kann nicht bestritten werden, dass da ein Mensch Zazen übt. Da sitzen kein Vogel und kein Fisch auf dem Kissen. Auf der Basis der unbedingten Lebenskraft gibt es also bedingtes Leben als Mensch an

---

[72] Siehe das Lehrgedicht Sandokai, das Verschmelzen von Einheit und Verschiedenheit. Guter Kommentar in Shohaku Okumuras *Living by Vow*.

einem bestimmten Ort. Weiter: man kann auch als Mensch nicht unendlich Zazen sitzen. Teil der Bedingtheit ist nun mal, dass man essen, schlafen, sich körperlich schützen und bewegen muss. Wir können diese Bedingtheit zeitweise verleugnen, davor davonlaufen oder sie bekämpfen, aber es ändert nichts an der Bedingtheit. In Abschnitt Acht hat Dogen Zenji unmissverständlich klar gemacht, dass das Ende dieser Bedingtheit der Tod ist.

Aber auch innerhalb jeglicher Art (Vogel, Fisch oder Mensch), gibt es keine zwei gleichen Bedingtheiten. Eine Forelle schwimmt im Bach quirlig rauf und runter und ein Wal tut dasselbe im Ozean entlang der Migrationsbahnen; ein Milan fliegt hoch und träge und eine Meise tief und flink. Ein Mensch ist mit irgendein Körperteil mit der Erde verbunden, wenn er sitzt, liegt, steht oder geht. Immer ist der Raum, in dem wir uns bewegen hundert Prozent unser Lebensraum.

Selbst die Vorstellungskraft, die uns in der menschlichen Bedingtheit ermöglicht, wie ein Vogel zu fliegen, täuscht nicht über die Tatsache hinweg, dass wir das im Sitzen, Stehen, Gehen oder Liegen tun. Diese Vorstellungskraft kann einerseits den Wunsch zu erwachen erwecken. Sie kann uns aber auch dazu verleiten, dass wir wirklich glauben, wie ein Vogel zu fliegen und dabei vergessen, dass das nur eine Vorstellung ist und nicht die Wirklichkeit. Außerdem lässt sie uns oft vergessen, an welchem Ort in der Gegenwart wir uns befinden. Dieser Täuschung erliegen wir oft.

Die schwierigste Falle für uns Menschen scheint aber zu sein, dass wir auf alles Wahrgenommene und Vorgestellte sofort mit Wertigkeiten reagieren. Ein Vogel der hoch und weit fliegt, hat einen großes Bedürfnis und laut unserer Schlussfolgerung mehr von der Welt gesehen. Da im Kapitalismus das Wertesystem „grösser – schneller- weiter" ist, schließen wir unbewusst sofort, dass der Milan ein erhabenerer Vogel ist, als die Meise, der Wal ein schätzenswerteres Wesen ist, als die Forelle. Selbst wenn diese Wesen sich gegenseitig als Nahrung betrachten, denken sie das nicht, denn Wertigkeiten entstehen nur im Denken unserer Bedingtheit als Mensch.

Diesen Irrglauben deckt Dogen Zenji in diesem Abschnitt auf. Eine Meise, die auf der Basis der unbedingten Lebenskraft als Meise ihren Ausdruck findet, ist hundert Prozent Ausdruck dieser Lebenskraft. Damit sagt Dogen Zenji aber auch etwas, wonach wir auf dem Buddha-Weg so verzweifelt suchen: eine Evi, die auf der Basis der unbedingten Lebenskraft ihren Ausdruck als Evi findet, ist einhundert Prozent Leben.

Unser – auch mein - Problem als Mensch ist aber, dass wir nicht glauben, dass wir das von Natur aus sind und daraus schlussfolgern, wir müssen uns als einen wirklich guten Menschen erschaffen. Aber selbst wenn wir erkannt haben, dass wir ein Ausdruck dieser Lebenskraft sind, bleibt uns noch die Frage, was es heißt, als Mensch diese Kraft auszuleben, sprich, *Genjokoan* zu verwirklichen. Denn genau darüber redet Dogen Zenji hier.

Bevor Dogen Zenji genauer darauf eingeht, bleibt er aber noch dabei, uns verständlich zu machen, was bedingtes Leben ist.

Wie auch immer, verließe der Vogel den Himmel oder der Fisch das Wasser, stürben sie auf der Stelle. Wir sollten wissen, dass für einen Fisch Wasser Leben ist und für einen Vogel der Himmel Leben ist. Ein Vogel ist Leben, ein Fisch ist Leben.

Es gibt keinen Fisch ohne Wasser und keinen Vogel ohne den Himmel. Der Fisch macht sich keine Sorgen darüber, dass er ein Fisch ist. Er schwimmt und lebt so die Natur seines Fischseins aus. Zu dieser Natur gehört Wasser und ohne Wasser ist die Bedingtheit der Tod. Ein Vogel fliegt in der Luft und ohne Himmel stirbt er. Wenn die Natur des Vogels das Fliegen ist, egal ob hoch oder tief und des Fisches das Schwimmen, egal ob weit oder kurz, was ist dann unsere Natur als Mensch? Wir gehen, stehen, liegen oder sitzen. Das sind die vier traditionellen Meditationshaltungen.

Nun drückt jedes Leben und Sterben eines Vogels oder Fisches ein ganz individuelles Sein innerhalb dieser unbedingten Lebenskraft aus und da stellt sich uns die persönliche Frage, was das für uns bedeutet? Was ist mein Ausdruck dieser Lebenskraft? Nach allem, was wir gelernt haben, hat das mehr mit Loslassen, als mit Anhäufung von geistigem oder materiellem Gut zu tun. Es hat vor allem mit dem Vertrauen zu tun, uns dieser Lebenskraft hinzugeben, selbst oder gerade dann, wenn das Ich sich bedroht fühlt.

Die Falle ist wie immer, dass wir uns das Ich zusammendenken und die Ansicht darüber zur absoluten Wahrheit erheben. Dabei merken wir selten oder gar nie, dass diese Ansicht auf der Bedingtheit der Angst vor dem Tod und unserem Wunsch begründet ist, irgendetwas von uns sollte darüber hinaus fortbestehen. Es gibt eine Sehnsucht nach Ewigkeit für unser Ich, ohne dass wir merken, dass dieser Begriff „Ewigkeit" in uns auf der bedingten Idee von linearer Zeit begründet ist. Das ist der Grund, warum Dogen Zenji sich so viel Mühe gemacht hat, in diesem Lehrgedicht uns Zeit als bedingtes Erlebnis im bedingten Leben als Mensch verständlich zu machen. Um diese zeitliche Verblendung des Ichs zu erkennen, müssen wir uns unserem Wunsch nach Fortbestand in jeglicher Art stellen, wenn wir zur Unbedingtheit erwachen wollen.

Gehen wir zurück zum Vogel und zum Fisch und schauen uns an, warum sie in Einklang mit ihrer Natur leben, was uns selten gelingt. Kein Vogel und kein Fisch lebt auf Kosten seiner Ressourcen Wasser oder Himmel. Wir Menschen aber vertrauen der Natur des Seins nicht mehr und schlussfolgern daher, wir müssen die Natur beherrschen, um nicht unterzugehen. Mit all den Ideen, die uns dazu einfallen, zerstören wir aber unsere Lebensgrundlage, wie der Parasit seinen Wirt.

Wir kreieren ganze Glaubens- und Wissenschaftssysteme, um das Vergehen unserer Persönlichkeit oder unseres Spezies zu garantieren oder ihm Sinn abzugewinnen. Dieser Wunsch, dem Tod ein Schnippchen zu schlagen, indem wir in irgendeiner Art weiterbestehen, kann sehr unterschiedliche Ausdrücke annehmen und unter einem Gewand von hehren Zielen versteckt sein. Schon als völlig normal sehen wir es, dass Wissenschaftler daran arbeiten, das Erbgut so zu verändern, dass der Alterungsprozess aufgehalten wird, dass sie sich einfrieren lassen für später und der Mars als potentieller Lebensplanet für uns erforscht wird. Andere wollen so rein werden, dass sie im Paradies wiedergeboren werden und haben von dieser Reinheit die unterschiedlichsten moralischen und dogmatischen Vorstellungen. Aber auch unter Zenmeister*innen ist es weit verbreitet, hauptsächlich jenen Dharmaübertragung zu gewähren, denen sie am ehesten zutrauen, ihre Vision am Leben zu erhalten oder ihre Form zu bewahren. Ich frage mich schon manchmal, wie es die Rebell*innen im Zen geschafft haben, erinnert zu bleiben.

Da all diese Ideen über wissenschaftlichen Fortschritt und Religionen sich aber widersprechen, gehen wir Opfer ein, die selbst unseren eigenen Gelübden widersprechen: wir töten, stehlen, lügen, betrügen und nähren unsere festgefahrenen Einsichten in Körper, Rede und Geist.[73] Nur wenn wir so ehrlich zu uns sind, dass wir da

---

[73] Ein geniales Buch zu dieser Dynamik ist *Der Wurm in unserem Herzen*, von Sheldom Salomon et all. Es beinhaltet dreissig Jahre Forschung, wie das Bewusstsein unserer Vergänglichkeit unsere Alltagsentscheidungen beeinflusst.

hinschauen und erkennen, wie sehr wir unter dem Bewusstsein unserer Vergänglichkeit und der Ich-Losigkeit leiden, können wir dieses Leiden, welches auf Verblendung basiert, durchbrechen. Das sind die Drei Daseinsmerkmale und die Vier Edlen Wahrheiten wie sie vom Buddha gelehrt wurden.

Der Buddha blieb nicht in dieser ersten Edlen Wahrheit über Leiden verhangen. Er hat gelehrt, wie in der Erkenntnis und der Verwirklichung des Achtfachen Pfades der Durchbruch von Samsara zu Nirvana geschieht.

Die Übungen der ethischen Regeln und des Achtfachen Pfades sind nicht dazu da, dass wir uns dafür verurteilen, wenn wir sie nicht einhalten können. Es ist sehr wichtig, das zu wissen, denn dies ist ein Schuld- und Schamschatten unseres Geistes, der tief in unsere jüdisch-christliche Kultur eingraviert ist. Diese Übungen sollen uns dabei helfen, zu erkennen, dass es ein persönliches Leben nur in Bedingtheit mit dem Leben als Ganzes gibt, und dass es ein individuelles Sein in Form einer Seele oder sonst eines Weiterbestandes nicht gibt, egal wie sehr wir uns etwas anderes vorstellen oder wünschen. Ein Mensch ist Leben und er wird sterben, sonst ist er kein Mensch. Er ist ein hundert prozentiger Ausdruck von unbedingter Lebenskraft und er hat die Fähigkeit dazu zu erwachen und ein freies Leben in diesem Sinne zu führen. Aufgrund dieser Fähigkeit als Mensch, sagt Dogen Zenji:

Und wir sollten darüber hinausgehen. Es gibt
Übung-Erleuchtung und dies ist der Weg der le-
benden Wesen.

Als Mensch leben wir mit dieser Fähigkeit, das Unbedingte an unserer Natur zu erkennen und aus dieser Quelle heraus an jedem Ort und zu jeder Zeit ungehindert das zu leben, was uns das Leben als Potential mitgegeben hat. Dies ist es, was der Buddha seinen Mönchen bestätigt hat, als sie ihn im Gosingamwald danach fragten, was denn nun der letztlich beste Ausdruck ist, der dem Wald würdig ist. Es gibt keinen letztlichen Ausdruck, immer nur unseren eigenen Ausdruck hier und jetzt. Aber wenn wir diesen Ausdruck frei von Gier, Hass und dem Irrglauben eines Ichs verkörpern, und sei es nur für einen kurzen Augenblick, dann erkennen wir die große Erde als Gold und den langen Fluss als süße Sahne[74].

Dass und wie wir das verwirklichen können, dazu ermutigt uns Dogen Zenji mit Abschnitt zwölf in seinem *Genjokoan*.

---

[74] Abschnitt 13

(12) Wenn nun ein Vogel oder ein Fisch versuchen würde, die Grenze seines Elements zu ergründen, ohne sich zuvor darin zu bewegen, fände er weder seinen Weg noch seinen Platz im Wasser oder im Himmel. Wenn wir uns genau diesen Ort zu eigen machen, wird unsere Übung zum verwirklichten Dasein. Wenn wir uns diesen Weg zu eigen machen, wird er auf natürliche Art zum verwirklichten Dasein. Jener Ort und jener Weg sind weder klein noch groß, weder das Selbst noch Andere. Es gab sie nicht schon früher und sie entstehen auch nicht gerade jetzt; deshalb ist die Wirklichkeit aller Dinge Soheit. Ebenso, wenn sich eine Person der Übung-Erleuchtung des Buddhaweges hingibt, und erkennt ein Dharma, durchdringt sie dieses Dharma; wenn die Person auf eine Übung trifft, wird sie diese Übung vollkommen üben. Dafür gibt es einen Ort und einen Weg. Die Grenze des Wissens ist nicht klar. Dies ist so, weil das begrenzte Wissen entsteht und geübt wird, während gleichzeitig die vollständige Durchdringung des Buddha-Dharma stattfindet. Wir sollten daher nicht glauben, dass das, was

wir erreicht haben, von uns selbst wahrgenommen wird und unser unterscheidender Geist es nun weiß. Zwar ist die tiefste Verwirklichung sofort verkörpert, doch nimmt die innigste Natur des Seins nicht unbedingt die Form einer Sichtweise an. Tatsächlich ist es so, dass eine Sichtweise nichts Festes ist.

Abschnitt zwölf ist der längste und der persönlichste Abschnitt dieses Lehrgedichts. Es ist der Abschnitt, indem Dogen zum ersten Mal *Genjokoan* als Wort benutzt. An dieser Stelle möchte ich Uchiyama Roshis Übersetzung von *Genjokoan* wiederholen, denn sie soll uns als Grundlage diesen gesamten Paragraphen begleiten: „Die gewöhnliche Tiefgründigkeit des gegenwärtigen Augenblicks, der zum gegenwärtigen Augenblick wird".

Abschnitt zwölf ist ein Aufruf zum Relaxen. Dogen Zenji sagt klar und deutlich, dass wir es nicht rausfinden, erklären, das Rätzel nicht lösen können. Es geht darum, durch Hingabe den eigenen Platz im Leben einzunehmen, wie in Abschnitt elf beschrieben. Wie man dahin kommt, so viel Vertrauen ins Leben und sich als Ausdruck davon zu entwickeln, dass man aufhört, Verwirklichung kontrollieren und erzwingen zu wollen, beschreibt er wie folgt.

Wenn nun ein Vogel oder ein Fisch versuchen
würde, die Grenze seines Elements zu ergründen,

ohne sich zuvor darin zu bewegen, fände er we-
der seinen Weg noch seinen Platz im Wasser oder
im Himmel.

Wieder einmal beginnt Dogen Zenji damit, uns abzuho-
len, wo wir vermutlich alle stehen und in welche Falle
wir immer wieder tappen.

Dieser erste Satz hat sich mir in einer besonderen Weise
eingeprägt, als vor zwei Jahren Meisen im Rolladenkas-
ten über meinem Balkon genistet haben. Am Abflugtag
hat es eines der Küken nicht über die Brüstung geschafft
und so fand ich es auf dem Boden, als ich von der Arbeit
nachhause kam. Das Küken, ich und auch die Mutter, die
immer wieder kam, hatten einen unglaublichen Stress
mit der Situation. Irgendwann schaffte ich es, das Küken
auf die Lehne meines Balkonstuhls zu setzen, von da
sprang es plötzlich auf den Kopf der Balkon-Buddha, auf
die Brüstung und als ob den ganzen Mittag nichts gewesen wäre, marschierte es auf den Rand zu und stürzte
sich in die Leere. Da war kein Zögern, kein Zurück-
schauen, kein erkenntlicher Zweifel, ob es das schafft.
Einmal am Rand und es folgte unweigerlich seiner Natur
zu fliegen. Es war ein extrem bewegender Augenblick.
Die Mutter kam auch kurz darauf und zirpte mich an.

Dieser kleine Knirps hat nicht angehalten und darüber
studiert, wie hoch seine Überlebenschance ist, falls er
den Schritt über die Kante nochmals nicht hinbekommt
und abstürzt. Er hat nicht berechnet, wie groß seine Flü-
gelspanne im Verhältnis zu seinem Körpergewicht ist
und wie schnell er daher mit den Flügeln schlagen muss,

um Fliegen zu können. Nein, die Zeit war reif, das Nest zu klein. Er vertraute seiner Natur und seiner Mutter, die rief.

Wie anders bin ich da doch? Wie sehr will ich planen, organisieren, kontrollieren, vorhersehen, in gutem Licht erscheinen, gefallen? Wie viele Weiterbildungen und Diplome habe ich abgeschlossen und erworben? Wofür und für wen habe ich es gemacht? Würde ich das heute wieder tun? Und obwohl ich all das erreicht habe, wie sehr zweifle ich dann doch immer wieder, ob es mir gelungen ist, mein Leben vollständig auszuleben? Werde ich mit meinen Rückenschmerzen umgehen lernen oder macht mein Leben keinen Sinn mehr, wenn ich es nicht kann? Werde ich jemals unterscheiden können, was in meinem Lebensweg der Ausdruck ungehinderter Lebenskraft ist und was nicht. Wie sehr argumentiere ich, dass das alles wichtig ist, weil....

So dreht sich das Denken im Kreis. Jetzt kommen Dogen Zenji und Uchiyama Roshi mit diesem Satz daher, dass es völlig egal ist, ob wir im Kreis denken oder nicht. Hauptsache wir machen die Flügel auf und fliegen, wenn wir ein Vogel sind und Hauptsache wir erwachen, wenn wir ein Mensch sind. Ausdruck der unpersönlichen und grenzenlosen Lebenskraft sind wir allemal. Der Unterschied ist lediglich, dass wir unseren Ort und unseren Weg im Leben als etwas ganz Selbstverständliches einnehmen, wenn wir aus dieser Lebenskraft heraus leben. Im Herzsutra wird es mit dem Satz auf den Punkt gebracht, der da heißt: „weil es nichts zu erreichen gibt, leben Bodhisattvas Prajna Paramita." Prajna Paramita[75], die Tugend oder Quelle der höchsten Weisheit ist nicht persönlich, aber sie drückt sich durch unsere Person aus. Wenn wir ein Bodhisattva-Gelübde genommen haben, dann drückt sich das im Leben einer Bodhisattva aus.

Das ist nun wieder der Punkt, wo man nicht in die Falle der Leerheit tappen darf und schlussfolgern, dass dann ja alles in bester Ordnung ist und wir aufhören können, zu üben. Es ist absolut alles in Ordnung, aber eben nur auf der Ebene des Unbedingten, der ungeteilten, grenzenlosen Quelle der Lebenskraft. Sobald das bedingte Bewusstsein davon Besitz ergreift, ist das ein bedingtes Bodhisattva-Gelübde und dazu gehören die Übungen im Bereich des Achtfachen Pfades, der Bodhisattva-Herzensangelegenheiten und der ethischen Gelübde.

Diese Grundlagen des Lebensantriebs sind nicht esoterisch, sondern ganz profan und zielen darauf ab, uns dazu zu erwecken, ob mein Leben Leiden lindert oder vermehrt, also Ursache und Wirkung (Karma-Lehre) immer klarer zu erkennen. Karma ist nicht übernatürlich, es ist ganz real die Beziehung zu meinen Mitmenschen,

---

[75] Paramita: die Herzensqualitäten jener, die zum Wohle aller erwachen wollen, genannt Bodhisattvas. Paramitas wird oft als Tugenden übersetzt. Tugend finde ich aber sehr moralisch. Ich erfahre sie in der Übung mehr als spontane Herzensantwort auf eine Situation. Meist wird mit sechs oder zehn Paramitas geübt. Da ich mit sechs genug bedient bin, seien diese hier aufgelistet: Grosszügigkeit, Ethik, Geduld, Tatkraft, Meditation und Weisheit.

allen Wesen und der Umwelt, die Leben unterstützt. Es ist der Himmel für den Vogel und das Wasser für den Fisch, es ist Massentierhaltung und Ärzte ohne Grenzen, es ist Pflegefachfrau, die Sterbenden Morphium spritzt, es ist mein Zweifel, wenn ich Mangos kaufe oder mit dem Auto bei der Bäuerin Eier hole. Es ist auch die Frage, wieviel mir mein Leben wert ist und wie viel mir Leben jenseits meines Überlebenstriebs wert ist. Es ist nicht die Frage, was ich entscheide. Es ist die Frage, ob ich hinschauen und erkennen will und dann meine Handlungen entsprechend einsetze.

Jetzt kommen die beiden Sätze, in denen das Wort *Genjokoan* steht, welches hier mit „verwirklichtem Dasein" übersetzt ist.

> *Wenn wir uns genau diesen Ort zu eigen machen,*
> *wird unsere Übung zum verwirklichten Dasein.*
> *Wenn wir uns diesen Weg zu eigen machen, wird*
> *er auf natürliche Art zum verwirklichten Dasein.*
> *Jener Ort und jener Weg sind weder klein noch*
> *groß, weder das Selbst noch Andere. Es gab sie*
> *nicht schon früher und sie entstehen auch nicht*
> *gerade jetzt; deshalb ist die Wirklichkeit aller*
> *Dinge Soheit.*

Wenn ich wirklich hinschaue, ist es keine Frage mehr, ob dies oder das, ob groß oder klein, ob Sinn oder Unsinn, ob gewinnen oder verlieren, ob erreichen oder scheitern. Das sind sozusagen alles nur die Wellen des Ozeans, die man an der Oberfläche betrachten kann. Egal ob ich aus der tiefsten Quelle meiner Lebenskraft heraus

Entscheidungen treffe oder aus verwirrtem Denken, ich bleibe immer Teil des Ozeans. Wir fallen nicht aus dem Leben raus. Ich mag mich auch hin wie her gleich entscheiden, aber mein bedingtes Leben ist dann ein anderes Leben, wenn es in der unbedingten Lebenskraft ruht. Egal ob man es „Verwirklichung der Wirklichkeit" nennt, „verwirklichtes Dasein" oder „die gewöhnliche Tiefgründigkeit des gegenwärtigen Augenblicks, der zum gegenwärtigen Augenblick wird", der Ausdruck meines Lebens innerhalb von Indras Netz wird ein anderer.

Als mich mal jemand fragte, was ich übe, Antwortete ich spontan: „Das schönste Dharma zu sein, das ich sein kann." Das ist was ganz Konkretes und findet nicht im Kopf statt. Deshalb betont Dogen Zenji diese Kopflastigkeit mit dem ersten Satz in diesem Abschnitt, dann nochmals im letzten, aber auch mehrmals im *Fukanzazengi*. Persönlich war ich froh zu lesen, dass man auch im 12. Jahrhundert schon so kopflastig war, dass Dogen Zenji es hervorheben wollte.

Jede*r von uns nimmt verschiedene Rollen im Leben ein. Es ist keine Frage, wie wir diese Rolle beurteilen oder sie im Vergleich zu Rollen anderer Menschen bemessen. Ich vermute, dass das alle Menschen genauso tun wie ich auch. Aus diesem vergleichenden Werten will uns Dogen Zenji heraushelfen. Es geht nicht darum, ob eine Pflegefachfrau weniger wert oder mächtig ist, wie ein Arzt, oder ob eine Ordinierte im Zen eine bessere Praktizierende ist, als ein Laie. Die Frage ist, ob mein Wesen und seine Rollen im Einklang und in Harmonie mit der Lebenskraft sind, die es hervorbringt.

„Dafür gibt es einen Ort und einen Weg." Der Ort ist hier und jetzt, der Weg die Aneinanderreihung der jeweiligen Hiers und Jetzts. Das ist etwas ganz Flexibles, denn Hier und Jetzt findet nie in der Vergangenheit oder Zukunft statt. Wir können uns auch niemals auf erwachten Augenblicken ausruhen, denn wie Dogen Zenji es in Abschnitt acht ausgedrückt hat: „Wir sollten wissen, dass Brennholz im Zustand des Brennholzes verweilt und ein eigenes Vorher und Nachher hat. Doch obwohl es Vorher und Nachher gibt, sind Vergangenheit und Zukunft abgetrennt."

Nochmals zur Erinnerung, denn dieser Abschnitt zwölf bringt wirklich alle anderen zusammen: „Innerhalb dieser gewöhnlichen Welt und darüber hinaus reichen Klarsicht und Verstehen nur soweit, wie die Macht unserer durchdringenden Einsicht erlaubt. Wenn wir der Wirklichkeit der Zehntausend Dinge nachlauschen, müssen wir wissen, dass da unerschöpfliche Merkmale im Ozean und den Bergen liegen, und dass es viele verschiedene Welten in den vier Himmelsrichtungen gibt.[76]" Aus diesen beiden Erklärungen fasst Dogen Zenji zusammen: „Deshalb ist die Wirklichkeit aller Dinge Soheit." Alles ist wie es ist, auch wenn wir nicht wissen, wie und was es ist. Wissen ist immer begrenzt.

---

[76] Abschnitt 10

Doch Zeit und unsere intellektuellen Einsichten als gegebene Größen in Frage zu stellen, ist ein Angriff auf unser Selbstverständnis als Person. Im Prinzip sagt Dogen Zenji, Erwachen ist Soheit, aber wir können diese Soheit nie wirklich wissen oder festhalten. Das menschliche Gehirn ist aber ein animalisches und seine Natur ist es, durch Wissen nach einer Scheinsicherheit zu suchen, um zu überleben. Beides ist ein Ausdruck der ungeteilten Lebenskraft. Wie es im Zen immer so verwirrend schön heißt: Erwachen ist Verblendung, Verblendung ist Erwachen.

Wenn unser Leben –oder zumindest dieser Augenblick- nun auf Überlebenstrieben und Arterhaltung gründet, dann wird sich die Soheit als eine der Strategien Kämpfen, Flüchten oder Totstellen ausdrücken. Das ist Ursache und Wirkung (Karma) auf ganz normal menschlicher Ebene. Wenn unser Leben auf der Quelle der Lebenskraft basiert, dann ist das Leben ein konkreter Ausdruck von Weisheit. Auch das ist Karma. Der unbedingten Lebenskraft ist es völlig egal, welches Karma wir ausleben, aber für das bedingte Leben, in dem Wasser, Himmel, Fisch, Vogel und Mensch ihren Ausdruck finden, ist es eine Frage von Leben und Tod.

Nun ist es ja leider so, dass wir nicht einfach sagen können, dass wir das einsehen und deshalb ab jetzt unser Leben als ein Ausdruck der ursprünglichen Lebenskraft ausleben und damit ein erwachtes Leben führen. Das ist wie Dogen Zenji hier klarstellt, keine Frage der intellektuellen Entscheidung nach reiflicher Überlegung, sondern eine Frage des Übens. Das ist wieder der Grund, warum für ihn Übung und Erleuchtung dasselbe sind und er es als ein Begriff zusammenfügt: Übung-Erleuchtung. Da ist keine zeitliche Lücke dazwischen.

> *Ebenso, wenn sich eine Person der Übung-Erleuchtung des Buddha-Weges hingibt und erkennt ein Dharma, durchdringt sie dieses Dharma; wenn die Person auf eine Übung trifft, wird sie diese Übung vollkommen üben. Dafür gibt es einen Ort und einen Weg.*

Dogen Zenji sagt im Fukanzazengi auch: „Zazen ist kein schrittweises Erlernen von Zen. Es ist einfach das Dharma-Tor großer Gelassenheit und Freude." Dieses Dharma-Tor ist immer für uns da. Es ist „die gewöhnliche Tiefgründigkeit des gegenwärtigen Augenblicks, der zum gegenwärtigen Augenblick wird"-*Genjokoan*. Wenn wir diesen Durchbruch schaffen, ist der gegenwärtige Augenblick kein Ausdruck von Angst, sondern von Vertrauen. Wenn wir nicht triebhaft aus Angst reagieren müssen, haben wir einen größeren Spielraum zu agieren und auf der Basis von Ethik und den Herzensqualitäten der Bodhisattvas zu handeln. Diese wiederum kann man üben. Dafür gibt es gezielte Anleitungen, die über Jahrtausende gewachsen und erhalten blieben.

Wenn Dogen Zenji hier von Dharmas spricht, redet er wieder von der Quelle der Nicht-Dualität, vor der Trennung in Selbst und Andere. Auf dieser Basis durchdringt jedes Dharma jedes Dharma. Im Englischen oft als Inter-connectedness beschrieben. Im Deutschen gefallen mir die Begriffe *Verschmelzung* oder *Verwobenheit allen Seins* am besten. Wenn der gegenwärtige Augenblick in unserem Bewusstsein nur das ist, der gegenwärtige Augenblick, dann fällt die duale Ansicht von Selbst und Anderen weg. Wenn diese bedingungslose Hingabe an das Leben als Ganzes stattfindet, dann lösen sich diese erdachten Kategorien auf. Das ist maximale Intimität. Das muss man erst mal wagen und doch kann man das üben.

Mir zum Beispiel fällt das im Moment einfach mit Ritualen, vor allem mit Niederwerfungen. Ich könnte mich echt in die Erde reinwerfen. Selbst wenn ich wegdrifte, muss ich irgendwann zurückkommen, denn es braucht konkrete Muskelkraft, mich wieder aufzurichten und der Buddha auf meinem Altar ins Gesicht zu schauen. Wenn ich dann stehe, lasse ich wieder los und gebe mich der Erde hin, so wie der Buddha die Erde berührt hat, als er sie zur Bezeugung seines Erwachens anrief. Die Erde bestätigt uns das immer wieder. Sie ist wahrlich die Mutter, auf der unser Leben und Erwachen wächst und genährt wird. Niederwerfungen sind eine sehr fließende Übung der Hingabe an die Einheit des Lebens und der Aufrichtigkeit als Person. Wenn also jemand denkt, er oder sie könne unmöglich eine halbe Stunde ruhig sitzen, versuchen Sie es mal mit Niederwerfungen. Wenn genug Energie raus ist, wird man auch körperlich ruhiger. So ist das halt mit unruhigen Vögeln wie mir.

Der Grund, warum ich das so sage, ist der obige Satz im *Genjokoan*. Es kommt nicht darauf an, was wir machen, es kommt darauf an, ob wir es mit ganzem Herzen und gegenwärtig tun und uns dabei auf dem Buddha-Weg befinden. Das ist es, was Dogen Zenji hier betont. Nochmals zur Erinnerung, im Bendowa sagt er über das *Buddha-Dharma*: „Wir sollten wissen, B*uddha-Dharma* zu üben, bedeutet wahrhaftig die Ansicht einer Unterscheidung zwischen Selbst und Anderen aufzugeben." Darüber, wie man das übt, sagt er: „Das *Buddha-Dharma* nur um des *Buddha-Dharma* willen zu üben, ist der Weg." Wieder geht es darum, zur Wirklichkeit vor der Spaltung in Dualität zu erwachen. Wenn es in der Übung Selbst und Andere nicht gibt, dann ist das ein erleuchteter Ausdruck. An diesem Ort des Daseins kann man immer nur das eine Dharma durchdringen, indem man es nur um das *Buddha-Dharma* willen ausübt. Dogen Zenji schließt hier wieder den Kreis zu den ersten drei Abschnitten des *Genjokoan*.

> *Die Grenze des Wissens ist nicht klar. Dies ist so, weil das begrenzte Wissen entsteht und geübt wird, während gleichzeitig die vollständige Durchdringung des Buddha-Dharma stattfindet. Wir sollten daher nicht glauben, dass das, was wir erreicht haben, von uns selbst wahrgenommen wird und unser unterscheidender Geist es nun weiß. Zwar ist die tiefste Verwirklichung sofort verkörpert, doch nimmt die innigste Natur*

*des Seins nicht unbedingt die Form einer Sicht-
weise an. Tatsächlich ist es so, dass eine Sichtweise nichts Festes ist.*

Um allen Intellektuellen im Buddhismus – und davon
gibt es meiner Meinung nach sehr viele – keine Chance
zu lassen, wiederholt Dogen Zenji immer wieder und in
verschiedenen Schriftstücken, dass Wissen immer in den
Raum der bedingten Begrenztheit gehört und deshalb
nie das Buddha-Dharma ausdrücken kann. Vielmehr erklärt er uns mit diesem Satz das Umgekehrte, nämlich,
dass das begrenzte Wissen ein Ausdruck des Buddha-
Dharma ist. Wir aber hängen so sehr an unserer intellektuellen Fähigkeit, dass wir alles damit zu begründen und
erklären versuchen – auch die Verwirklichung. Das ist
schön und gut, es ist dann aber nicht Verwirklichung,
sondern eine Erklärung über die Verwirklichung.

Im *Fukanzazengi* sagte Dogen Zenji etwas sehr ähnliches
auf eine andere Weise: „Daher solltet ihr damit aufhören, einer Übung zu folgen, die auf intellektuellem Verständnis und der Verfolgung von Buchstaben und Wör-
tern basiert. Lernt den Schritt nach hinten zu tun, der
das Licht nach innen kehrt, um das Selbst zu erleuchten.
Körper und Geist werden von alleine wegfallen und das
ursprüngliche Selbst wird sich offenbaren. Wenn ihr
„Soheit" erlangen wollt, übt „Soheit" jetzt!" Das erklärt
auch auf einfache Weise den Unterschied von Zazen
(siehe Begriffserklärung) und jeglicher Art von anderer
Übung. Es gibt in der Übung nichts zu erreichen. Wenn
etwas passiert, wie der Durchbruch in die Nicht-Dualität,

dann erreicht das niemand. Das ist der ursprüngliche Daseinszustand allen Seins bevor wir unser begrenztes, intellektuelles Denken dazugeben (um es nicht als Hirn-Furz zu bezeichnen); dieses verwirrte Denken, von dem wir überzeugt sind, dass es „meiner" persönlichen Leistung zu verdanken ist, dass „ich" zur nicht-Dualität erwacht bin.

Wenn man es mal so direkt formuliert, geht einem auf, dass es in diese Richtung nicht funktionieren kann, sondern dass der Intellekt immer nur ein Ausdruck der Verwobenheit allen Seins ist. Wenn Verwirklichung aber grad andersrum ist, dann muss man irgendwann die Finger vom Denken lassen, sozusagen das „Ich" rausnehmen. Weil das aber erstens einfacher gesagt ist als getan und zweitens jeder Augenblick neu ist, üben wir halt immer wieder und immer wieder das große Loslassen des Zazen. Uchiyama Roshi bezeichnet es als die Hand um die Gedanken öffnen (opening the hand of thought). Wir hängen nun mal so an unseren Gedanken, dass es oft eine geballte Faust ist, die wir üben zu öffnen – ich zumindest.

Besonders freundlich von Dogen Zenji finde ich ja den letzten Satz dieses Abschnitts: „Tatsächlich ist es so, dass eine Sichtweise nichts Festes ist." Selbst wenn wir nichts kapiert haben, ist uns doch zumindest klar, wie oft wir unsere Ansichten ändern. Es sind Ansichten basierend auf unserer momentanen Lebenserfahrung. Wenn wir nicht mehr fähig sind, sie zu ändern, nennt man das Fundamentalismus. Unsere Ansicht sagt nichts darüber aus, ob eine Sichtweise richtig oder falsch ist, sondern etwas über unsere Lebensstrategie. Nicht mehr und nicht weniger. Bernie Glassman Roshi sagt daher oft nach einer Erläuterung: Just my opinion (meiner Meinung nach). Alles was wir ausdrücken können, ist immer nur unsere Meinung. Deshalb kann das *Buddha-Dharma* nie durch Worte ausgedrückt werden. Aber man kann es leben und verwirklichen, wenn man sich öffnet für die grenzenlose Tiefgründigkeit des gegenwärtigen Augenblicks.

Oder wie Uchiyama Roshi in seinem *Genjokoan*-Gedicht sagt:

Selbst wenn wir es nicht wissen und dafür blind sind,
die Tiefgründigkeit des gegenwärtigen Augenblicks umarmt uns als der gegenwärtige Augenblick.
Wir alle leben das universelle, weltdurchdrungene Selbst,
die Tiefgründigkeit des universellen, weltdurchdrungenen Selbst.
Ob wir es wissen oder nicht,
selbst wenn wir daran zweifeln und es zurückweisen,
wir sind das universelle, weltdurchdrungene Selbst,
mitsamt Verwirrung und Zweifel.[77]

Oder Dogen Zenji in Abschnitt vier:

Dass die Zehntausend Dinge durch Übung-Erleuchtung das Selbst ausüben, ist Erwachen.

---

[77] (Dogen's Genjokoan, Three Comentaries, 2011)

Wie schön, wir können gar nicht verlorengehen oder ir- gendwo rausfallen! Erwachen ist immer greifbar nah. Es ist definitiv unendlich weit weg, wenn man eine Tren- nung in Selbst und Andere intellektuell herstellt. Den- noch es ist das Intimste, das alles Sein durchdringt.

Welchen Unterschied das für das eigene Leben macht, fasst Dogen sozusagen als Happyend in Abschnitt drei- zehn zusammen.

(13) Zenmeister Baoche vom Berg Mayu benutzte eines Tages seinen Fächer.

Ein Mönch trat vor und fragte: „Meister, das Wesen des Windes ist beständig und er durchdringt alles. Warum benutzt Ihr einen Fächer?" Der Meister erwiderte: „Du weißt nur, dass das Wesen des Windes beständig ist, aber du weißt noch nicht, dass er alles durchdringt." Der Mönch fragte: „Wie durchdringt er alles?" Der Meister fuhr fort sich zu fächeln. Der Mönch verbeugte sich mit tiefem Respekt.

Die ursprüngliche Erfahrung des Buddha-Dharma und der lebendige Weg der korrekten Übertragung sind so geartet. Zu sagen, wir sollten den Fächer nicht benutzen, da die Natur des Windes beständig ist, und dass wir den Wind spüren müssen, auch wenn wir nicht fächeln, bedeutet, weder die Beständigkeit noch die Natur des Windes erkannt zu haben.

Weil der Wind seinem Wesen nach beständig ist, befähigt uns der Wind der Buddha-Familie die große Erde als Gold zu erkennen und verwandelt den langen Fluss zu süßer Sahne.

Wie soll man dieses „Happyend" von Dogen Zenji am Ende des *Genjokoan* verstehen? Vor allem heutzutage, wo der Wind, der durch die Menschheit fegt, sich eher wie ein Orkan anfühlt, der uns wegbläst.

Vielleicht sollte man zu diesem Ende wirklich gar nichts mehr sagen, da nach allem schon zu viel Gesagten eigentlich nichts mehr bleibt, was zu ergänzen wäre. Vielleicht wäre das aber nur eine Flucht davor, sich dem Wind der Buddha-Familie zu stellen?

Genau darum geht es in diesem letzten Abschnitt. Es geht nicht darum, dass der Wind der Buddha-Familie immer eine liebevolle Brise am Abend bei romantischem Sonnenuntergang ist. Nein, es sind alle Winde, es ist das ganze Leben, es liegt an uns es zu leben und als solches zu verwirklichen.

> *Zenmeister Baoche vom Berg Mayu benutzte eines Tages seinen Fächer. Ein Mönch trat vor und fragte: „Meister, das Wesen des Windes ist beständig und er durchdringt alles. Warum benutzt Ihr einen Fächer?" Der Meister erwiderte: „Du weißt nur, dass das Wesen des Windes beständig ist, aber du weißt noch nicht, dass er alles durchdringt." Der Mönch fragte: „Wie durchdringt er alles?" Der Meister fuhr fort sich zu fächeln. Der Mönch verbeugte sich mit tiefem Respekt.*

Man kann sich mal beobachten –nur so aus Spaß und um etwas über sich selbst zu lernen- wie man Koans liest. Es gibt den Lese-Typ Sherlock Holmes und Dr. Watson. Dieser liest den Koan so, dass der Schüler den Teil des dummen Fragers übernehmen muss, um zu unterstreichen, wie weise der Meister ist. Natürlich identifizieren wir uns dabei mit dem Meister☺. Unsere Antworten sind dann entsprechend pubertär cool. Oder es gibt den extraschlau Lese-Typ: Der Schüler testet den Meister, ob er wirklich ein Meister ist. Da frage ich mich immer, ob seine Beurteilung meisterhaft ist?

Wir alle lesen, je nach Übungsphase in der wir sind, Koans auf eine solche Weise. Es ist irgendwie lustig, sich dabei zu ertappen. Vor allem geht man als Schüler*in Koans auf solche Weise in Lebensphasen an, wo man sehr unsicher ist. Daraufhin ist dem Gegenüber natürlich sofort klar, dass der/die Lernende genau da steht, worüber Dogen Zenji in Abschnitt 7 und 10 geredet hat. Nichts geschieht heimlich (nothing is hidden), wie es im Zen so schön heißt. Wenn man dran bleibt, kommt man darüber weg. ☺

Wenn die Frage im Koan aber aus tiefstem Herzen kommt, dann ist die Person, die fragt, extrem mutig, denn sie gibt ihre gesamte Verletzlichkeit gegenüber einer hohen Autorität preis. Oder es ist Verzweiflung, weil man die Spannung, die die Frage erzeugt, nicht mehr aushält. Es ist nicht bekannt, mit welcher Haltung der Mönch Meister Baoche fragte.

Mit dem Koan am Ende des *Genjokoan* kann ich mich persönlich sehr gut identifizieren, weshalb ich seltener geneigt bin, mich dem Mönch überlegenen zu fühlen.

1995 hatte ich mit knapp 28 Jahren eine tiefe Krise, die seiner Frage eventuell sehr nahe kam. Damals hatte ich keine Ahnung von Buddhismus, verzweifelte schier an meinen Fragen ans Leben und da war kein Meister, den ich hätte fragen können. Ich setzte mich oft unter einen Obstbaum und schrieb meine Fragen in ein Tagebuch. Ende Mai schrieb ich den Satz: „Was, wenn man alle seine Fragen ins Universum hinausschreit und es kommen keine Antworten?" Kaum drei Wochen später verirrte ich mich mit meiner Vespa im Wald, ging spazieren und traf auf mysteriöse Weise einen alten Mann, Kuno Onken, durch den ich zum Buddhismus kam und der mein Leben um 180 Grad auf den Kopf stellte. Der Wind der Buddha-Familie kommt manchmal unerwartet und heftig. Man muss schon aufpassen, ob man die Antworten auf seine Fragen wirklich hören will.

Wenn ich nun sonntags den Genjokoan laut lese, lese ich die Fragen des Mönchs mit der Verzweiflung, mit der ich damals fragte. Doch was fragt dieser Mann?

Eigentlich fragt er etwas, was man mit einer direkten Frage nicht ausdrücken kann. Er bedient sich daher einer aktuellen Situation, nämlich der, des Fächelns des Meisters. Salopper fragt er so ungefähr: „Meister, die ganze Zeit erzählst Du mir, dass es mich nicht gibt. Wenn es mich nicht gibt, gibt es dich auch nicht. Kaum wird es aber etwas warm, fächelst Du Dir Wind zu. Wieso musst Du dem Leben etwas hinzufügen, wenn Leben sowieso immer geschieht ohne persönlich zu sein?" Er könnte auch fragen: „Was mache ich hier als Mensch? Was heißt es für mich, zu leben? Wenn die Natur des Vogels zu fliegen ist, was ist dann meine?"

Das sind wirklich verzweifelte Fragen. Vor allem in einer Zeit, wo so viele Informationen über uns hereinbrechen, die uns nicht nur vor die Frage stellen, ob wir den Fächer benutzen sollen, sondern welchen. Welche Richtung geben wir unserem Leben und welche Mittel benutzen wir dafür?

Genauso wie man die Frage mit einer überheblichen Geisteshaltung lesen kann, kann man die Antwort des Meisters als kaltherzig, herablassend oder zugewandt lesen.

Was antwortet er, wenn wir mal davon ausgehen, er ist dem Mönch wirklich wohlgesonnen und was er sagt und tut, ist Teil seines Gelübdes, anderen zum Erwachen zu helfen? Was er dann im Sinne von *Genjokoan* antwortet, ist: „Schau, Du hast offenbar verstanden, dass die ungeteilte Lebenskraft alles durchdringt, aber Du hast noch nicht verstanden, dass Du ein Ausdruck davon bist." Er bestätigt dem Mönch, dass er erkannt hat, dass alles leer ist, aber dass er noch nicht verstanden hat, dass Leere Form in Form von Leben ist und damit auch sein Leben. Für den Mönch scheint das bis dahin erst mal ein Konzept seines unterscheidenden Geistes zu sein, worüber Dogen Zenji in Abschnitt zwölf spricht. Also fragt er nochmals nach, denn die Antworten des unterscheidenden Geistes befriedigen unsere existentiellen Fragen nicht auf die Dauer.

Dann macht dieser Meister das, was uns die Tränen in die Augen treiben kann, wenn die Koanfragen auf unsere Fragen treffen. Meister Baoche antwortet nicht mehr mit dualistischer Sprache, sondern er lebt ein-fach und drückt diese Lebenskraft einhundertprozentig aus. Das ist jetzt nun mal wirklich cool. Er muss keinem mehr seine Daseinsberechtigung beweisen. Er ist da, vollständiger Ausdruck der „gewöhnlichen Tiefgründigkeit des gegenwärtigen Augenblicks, der zum gegenwärtigen Augenblick wird". Er ist die „Verwirklichung der Wirklichkeit", wie *Genjokoan* oft auch übersetzt wird. Das kann man mit noch so coolen Antworten oder mit moralischem Aktivismus, wie man ihn heute bei Zen-Schülern oft antrifft, niemandem vorspielen. Meister Baoche war echt.

Wir wissen auch nicht, was der Mönch aus der Szene gemacht hat. Es steht da nur, dass er sich mit tiefem Respekt verbeugt. Ich wünsche ihm daher sonntags immer, dass er erkannt und auch selber sein Leben verwirklicht hat.

Die ursprüngliche Erfahrung des Buddha-Dharma und der lebendige Weg der korrekten Übertragung sind so geartet. Zu sagen, wir sollten den Fächer nicht benutzen, da die Natur des Windes beständig ist, und dass wir den Wind spüren müssen, auch wenn wir nicht fächeln, bedeutet, weder die Beständigkeit noch die Natur des Windes erkannt zu haben.

Dogen Zenji geht hier nochmals in die Tiefe dessen, was Zenmeister Baoche getan hat und worüber er im *Genjo-koan* redet. Er möchte nicht nur, dass wir „Form ist Leere und Leere ist Form" verwirklichen, sondern auch „Form ist Form und Leere ist Leere"[78], wie er es in seinem Kommentar zum Herzsutra, dem Maka Hanja Haramitsu beschreibt. Dogen Zenji sagt, dass es nicht damit getan ist, verstanden zu haben und etwas dazu zu sagen. Er sagt, verwirklicht ist das erst, wenn wir es mit jeder Faser und allem was unsere Bedingtheit mit sich bringt, ausleben, ohne dass wir glauben, wir machen das. Wir müssen das Leben nicht „machen", denn: „Dass die Zehntausend Dinge durch Praxis-Erleuchtung das Selbst ausüben, ist Erwachen." Wir müssen vor allem aufhören zu denken, wir müssen das Leben und den Wind in den Griff bekommen.

Das Leben zu verwirklichen ist nicht ein Involvieren ins Leben oder ein Aktivismus für gehobene moralische Standards. Darum geht es nicht. Es geht darum, dass Zazen, egal ob in irgendeiner Bewegung oder im stillen Sitzen, den Glaubenssatz der Dualität von ‚ich bin hier und dort findet das Leben statt und ich muss rausfinden, was darin mein Standpunkt und mein Weg ist' zu überwinden.

Irgendwie scheinen wir zu glauben, dass wir uns das Recht, frei zu leben, erarbeiten müssen. Dahinter steckt

---

[78] (Treasury of the True Dharma Eye, Zen Master Dogen's Shobo Genzo, 2012, S. 129)

auch immer die Angst, dass der Tod uns vernichtet. Der Tod vernichtet aber nur den Glauben an das abgetrennte Selbst, nicht das Leben. Denn, , wie schon oft erwähnt, das Selbst gibt es in Form von Leben nur als Gedanke in uns. Dass wir so fest daran hängen, ist ein Ausdruck von Angst gegenüber dem Leben und definitiv ein Ausdruck dessen, dass wir uns als nicht ganz dazugehörig empfinden. Ohne die Einsicht in Nicht-Dualität können wir es daher auch nie vollständig ausleben.

Was Dogen Zenji dem entgegensetzt ist folgende These: Das wir da sind, ist der schiere Beweis dessen, dass wir dazugehören. Er behauptet, dass wir ein Ausdruck des Lebens sind und durch unser Leben, Leben gelebt wird. Dabei wertet Dogen Zenji nicht, ob das gut oder schlecht ist, was und wie wir leben, er hat einfach erkannt, dass das so ist und dann hat er das Gelübde, dass er interessanter Weise vor seinem Durchbruch schon nahm, verwirklicht. Er hat definitiv über seinen Tod hinaus Menschen geholfen ihr Leben im Kontext der Wirklichkeit zu verwirklichen.

Dass Dogen Zenji das erkannt hat und der Buddha das auch erkannt hat, hilft schon mal etwas, aber ist nicht der Durchbruch in unserem Leben. Wenn wir vertrauen, dass das auch für uns stimmt und uns das inspiriert zu erkennen und zu verwirklichen, dann müssen wir üben. Oder wie Dogen Zenji im Fukanzazengi sagt: „Ihr müsst die Tatsache anerkennen, dass selbst Shakyamuni Buddha sechs Jahre Zazen sitzen musste. Der Einfluss dieser sechs Jahre des aufrechten Sitzens ist auch heute noch sichtbar. ...Die großen Vorfahren waren derart unablässig in ihrer Übung, wie können Menschen heutzutage glauben, auf die Übung des Zazen verzichten zu können?" Shakyamuni Buddha und Dogen Zenji waren echt andere Kaliber als ich. Ich glaube nicht, dass ich je auf Zazen verzichten kann.

In Augenblicken, wo wir uns dessen worüber der *Genjokoan* spricht, erinnern und wo wir die Faust um unsere fixierten Gedanken an ein Selbst öffnen können, da erkennen wir den letzten Satz des *Genjokoan*.

Weil der Wind seinem Wesen nach beständig ist,
befähigt uns der Wind der Buddha-Familie die
große Erde als Gold zu erkennen und verwandelt
den langen Fluss zu süßer Sahne.

Ich stimme Dogen Zenji zu, auch wenn ich seit Wochen wegen Rückenschmerzen krankgeschrieben bin und sie mich zeitweise so am Wickel hatten, dass ich dachte, ich will jetzt wirklich nicht mehr leben. Vielleicht stimme ich ihm deshalb zu, weil ich gerade auch in schweren Zeiten erfahre, dass das, worüber er im *Genjokoan* schreibt, kein schönes Schriftstück ist, sondern die Zehntausend Dinge, die mein Selbst ausüben. Manchmal schaffen es die Schmerzen mich so auszuhöhlen, dass ich Leben wirklich nur noch als meine Rückenschmerzen wahrnehme. Doch der Genjokoan und meine Gelübde scheinen sich ebenso zu den Zehntausend Dingen zu gesellen und irgendwann öffnet sich dann auch wieder die Perspektive, der Wirklichkeit nachzulauschen. Denn:

„Wenn wir der Wirklichkeit der Zehntausend Dinge nachlauschen, müssen wir wissen, dass da unerschöpfliche Merkmale im Ozean und den Bergen liegen, und dass es viele verschiedene Welten in den vier Himmelsrichtungen gibt. Dies gilt nicht nur für die äußere Welt, sondern ebenso ist es wahr gerade hier unter unseren Füssen und in jedem einzelnen Tropfen Wasser.

Unter den Zehntausend Dingen gibt es wahrscheinlich neutausend, die wir in die Kategorie unangenehm oder angsteinflößend einreihen. Dass sie uns unangenehm sind, heißt aber nicht, dass wir sie aus unserem Leben ausschließen sollten, denn wir schließen damit einen großen Teil unseres Lebens aus. Was für meine Rückenschmerzen gilt, gilt ebenso für alles, was im Moment an Schrecklichem in der Gesellschafts-, Gesundheits- und der Umweltpolitik geschieht. Zenmeister Baoche hat den Fächer nicht weggelegt und gesagt: „Soll der Wind machen, was er will, das Leben geht schon weiter." Er hat das, was er in seinem Leben erkannt hat, zum Ausdruck gebracht.

Was haben wir wirklich erkannt? Wollen wir das Unangenehme wirklich als vollwertigen Teil unseres Lebens anerkennen? Vertrauen wir auf uns als Ausdruck des Lebens? Vertrauen wir darauf, dass wir durch unseren Ausdruck einen Einfluss auf das Leben als Ganzes haben?

Vertrauen wir nicht nur, sondern trauen wir uns auch?

Mit dem *Genjokoan* gibt uns Dogen Zenji ein Werkzeug an die Hand, die Wirklichkeit zu erkennen, sie zu leben und zu sterben. Das wäre doch mal ein aufrichtiges Leben, wie im Kapitel des Titels beschrieben. Diese Aufrichtigkeit unseren Platz einzunehmen, ist der Wind der Buddha-Familie, der uns das Leben als Gold und süße Sahne erleben lässt.

Dank

Zu allererst möchte ich Marcel Geisser Roshi für seine Begleitung während dem Schreiben dieses Kommentars danken. Er hat es geschafft zur rechten Zeit nachzubohren und mich zu ermuntern.

Ich möchte allen Lehrer*innen danken, die mir durch ihre Vorträge, Kommentare oder ihr Leben den Genjokoan erschlossen haben:

Kazuaki Tanahashi mit seinen Übersetzungen und Retreats zu Dogen Zenjis Shobogenzo.

Egyoku Nakao Roshi, durch die ich überhaupt den *Genjokoan* gefunden habe, für die Zeit, in der ich mit ihr damit üben durfte und für ihre Dharmavorträge darüber.

Für die schriftlichen Kommentare der japanischen Meister, die ich in der folgenden Reihenfolge gefunden, erforscht und teilweise übersetzt habe: Taizan Maezumi Roshi, Hakuun Yasutani Roshi, Shohaku Okumura Roshi, Nishiari Bokusan Roshi, Shunryu Suzuki Roshi und mit tiefster Dankbarkeit Kosho Uchiyama Roshi.

Doch vor allem danke ich Dogen Zenji dafür, dass er ihn geschrieben hat und allen, die es möglich machten und machen, dass ich ihn studieren, üben und vertiefen darf.

Literaturverzeichnis

Cook, F. (1991). *The Record of Transmitting The Light, Zen Master Keizan's Denkoroku.* Los Angeles: Center Publications.

Dogen Zenji edited by Tanahashi, K. (2012). *Treasury of the True Dharma Eye, Zen Master Dogen's Shobo Genzo.* Boston & London: Shambala.

Eihei Dogen Zenji. (2011). *Dogen's Genjokoan, Three Comentaries.* Berkley: Counterpoint.

Kapleau, P. (2010). *Die Drei Pfeiler das Zen.* O.W. Barth.

Maezumi, H. T. (1978). *The Way of Everyday Life.* Los Angeles: Zen Center of Los Angeles, Limited Edition.

Neumann, K. E. (1995). *Die Reden des Buddha.* Herrnschrot: Verlag Beyerlein-Steinschulte.

Okumura, S. (2010). *Realizing Genjokoan.* Somerville MA, USA: Wisdom Publikation.

Okumura, S. (2012). *Living by Vow.* Somerville, MA, USA: Wisdom Publication.

Rinpoche, Y. M. (2017). *Behandle jeden wie den Buddha.* Von Tibetischer Buddhismus im Westen: https://info-buddhismus.de/Ethik-Lehrer-

Schueler-Beziehung-Vajrayana-MingyurRinpo-
che.html abgerufen

Rummé, D. (2008). *Fukanzazengi aus: The Essence of Zen.* Somerville MA, USA: Wisdom Publication.

Sheldon Solomon, J. G. (2016). *Der Wurm in unserem Herzen.* München: Deutsche Verlags-Anstalt.

Shohaku Okumura, T. D. (1997). *The Wholehearted Way, A Translation of Dogens Bedowa with Commentary of Kosho Uchiyama Roshi.* North Claredondon, Vermont USA: Tuttle Publishing.

Tanahashi, K. (2014). *The Heart Sutra.* Boston Massachusetts: Shambala Publications.

Wikipedia. (8. September 2017). *Authentizität.* Von https://de.wikipedia.org/wiki/Authenti-zit%C3%A4t abgerufen

Wikipedia. (4. September 2017). *Integrität .* Von https://de.wikipedia.org/wiki/Integ-rit%C3%A4t_(Ethik) abgerufen

Yasutani, H. (1996). *Flowers Fall.* Boston & London: Shambala.

Zeitfracht Medien GmbH
Ferdinand-Jühlke-Straße 7
99095 Erfurt, Deutschland
produktsicherheit@kolibri360.de